전주를 걸으면 온전한 도시가 보인다

우리땅 걷기 지음

상상출판

목차

길에서 길을 만나고,
길에서 내가 나를 만난다.

신정일 (문화사학자, 사단법인 우리 땅 걷기 이사장)

"인간은 걸을 수 있을 때까지만 존재한다." 프랑스의 철학자인 사르트르의 말은 너무도 지당하다. 걷지 못하는 그 순간 인간의 삶은 이전과는 판이하게 달라지기 때문이다. '길도 집'이고, '집도 길'이라는 전제하에서 태어나면서부터 왔던 곳으로 돌아가는 그 순간까지 길에서 길을 찾는 것이 인간의 삶 자체다.

옛 선인들이 '도道'라고 표현한 길, 그 길을 걸으며 사람들은 무엇을 얻었을까? 덴마크의 철학자인 키르케고르는 다음과 같이 말했다

"나는 걸으면서 나의 가장 풍요로운 생각들을 얻게 되었다. 걸으면서 쫓아버릴 수 없을 만큼 무거운 생각이란 하나도 없다."

그리스의 철학자인 헤라클레토이스는 "내가 찾아 헤맨 것은 나 자신이었다." 라고 술회하며 길을 걷는 것은 보이지 않는 스스로의 마음을 찾아가는 것이라고 술회하고 있다.

세상에 태어나서 누구나 가장 많이 하는 운동이 걷기일 것이다. 그런데 주마간산이 아닌 주차간산에 길들여져 그런지 걷는 것을 잊어버린 사람들이 많이 있다.

조선 시대의 옛길인 〈삼남대로〉를 걸을 때 의왕시에서 생긴 일이다. 길이 애매해서 버스 승강장 앞에서 토큰을 파는 아저씨에게 오전초등학교로 가는 길을 묻자

"거기를 걸어가요? 차 타고 가야지요."

"거리가 얼마나 되지요?"

"버스로 두 정거장이나 되는데 ···."

내가 해남에서 이곳까지 걸어왔다고 하면 놀라 자빠질 것 같아서 그 말을 할 수도 없고, 그저 할 말을 잃을 뿐이었다. 하기야 아파트에서 슈퍼마켓에 갈 때도 차를 타고 가는 세상이 아닌가? 신호등을 두 번만 건너면 되는 거리를 꼭 차를 타고 가야 한다는 공식은 언제부터 만들어졌는지, 너무 바쁘게 살기도 했지만 너무 걷는 것을 등한시 하다 보니 걷는 것을 잊기도 했고 일면 두려워하기 때문이리라.

그래서 그런지 장거리 도보답사 길에 내가 사람들에게 가장 많이 받았던 질문은 다음의 몇 가지다. '어디를 가는 사람들인가, 진짜 그 길을 걸어갈 것인가. 밥은 어디서 먹고 잠은 어디에서 자는가,' 그리고 또 다른 질문은 돈에 대한 이야기다.

〈관동대로〉를 걸을 때의 일이다. 원주를 지나서 모사업소에 근무하는 사람에게 옛길을 묻자 다 사라져 버렸단다. 그러면서 우리에게 하는 말이 "뭐 할라고 걸어가요, 돈 주지 않으면 하지 말아요." 뭣을 하건 돈을 주어야, 아니 돈을 받아야 하는 머슴 근성을 가졌다면 누가 새로운 것을 창조하고 누가 새로운 길을 가겠는가?

"공기 맑고 경치 좋은 곳을 사나흘 정도 걸으면 보약 한 재 먹는 것보다 낫다"고 생각하며 "아픈 몸이 아프지 않을 때까지 살자"라는 김수영 시인의 〈아

픈 몸이〉 라는 시 구절을 읊조리며 수많은 강과 옛길과 바닷가 길을 걸었다.

2005년에 대한민국에서 최초로 걸으면서 인문학을 탐구하는 걷기 단체(길 위의 인문학)인 사단법인 〈우리 땅 걷기〉를 발족해서 우리나라 구석구석을 걷다가 보니 2007년에 〈지리산 둘레길,〉 〈제주 올레〉가 생겨났고, 어느 순간, 대한민국뿐만이 아니라 지구촌 곳곳이 걷기 열풍이 시작되어 있었다.

마사이족처럼 부산하게 전쟁처럼 걷는 사람들도 있고, 소요하듯, 산책하듯 한가롭게 걷는 사람들도 있다. 건강을 위해서, 또는 느리게 우리 국토를 탐구하기 위해 걷는 사람들도 많이 생겨났다.

국민소득 1만 달러 시대에 가장 유행하는 운동이 마라톤이고, 일만 오천 달

러에서 삼만 달러 시대에 유행하는 운동이 '걷기'라는 말이 실감이 난다. 사람들이 걷는 이유도 가지가지다.

걷기는 왜 좋은가, 첫 번 째가 건강이다. 〈동의보감〉의 저자 허준은 다음과 같이 말했다. "약보藥補보다 식보食補가 낫고, "식보보다 행보行補가 낫다."고, 아무리 비싸고 좋은 약이나 음식보다 좋은 것을 걷는 것이라고 보았다. 다산 정약용 역시 '걷는 것은 청복淸福, 즉 '맑은 즐거움이다.'라고 극찬을 했다.

두 번째가 마음을 다스리는데 걷기처럼 좋은 운동이 없기 때문이다. 루소는 〈고백록〉에서 다음과 같이 말한다.

"나는 걸을 때만 명상에 잠길 수 있나. 길음을 멈추면 생각도 멈춘다. 나의 마음은 언제나 나의 다리와 함께 작동한다."

루소의 말과 같이 길을 나서서 한 발 한 발 걸으면서 여러 가지 사물들을 만나게 되고, 결국은 내가 나를 만나는 것이 걷기의 매력이다.

세 번째는 아무래도 빠르게 빠르게만 익숙해진 세상에서 느리게 걸으며 '느림의 미학'을 실천하면서 새롭게 세상을 바라보고자 하는 마음들이 생겨났기 때문이리라.

"세상은 걸어볼 만 하다." "세상은 살아볼 만 하다."는 전제 아래 2005년에 발족된 사단법인 〈우리 땅 걷기〉에서는 우리나라의 10대강(한강, 낙동강, 금강, 섬진강, 영산강, 만경강 등)을 걷고, 우리나라 옛길 영남대로, 삼남대로, 관동대로를 비롯하여 수많은 길들을 걷고서 2008년에 부산 오륙도에서 고성 통일전망대까지 〈동해 바닷가 길〉을 걷고 문체부에 〈해파랑 길〉을 만들 것을 제안하여 국가 정책으로 수립되었다. 그 뒤 곧바로 〈소백산 자락길〉과 〈변산 마실 길〉을 만들 것을 제안하였고, 2010년에 〈전주 천년 고도 옛길〉 12코스를 만들면서 그 길에 얽힌 역사와 문화를 담아낸 책자를 만들 것을 제안하였다, 하지만 뜻을 이루지 못하다가 이번에 전주시청의 도움으로 〈전주 천년 고도 옛길〉을 담아낸 책을 발간했다.

전주의 진산인 건지산에서 가련산으로 이어진 길에서부터 전주의 문화유산을 찾아가는 길, 전주천과 삼천천 가는 길, 전주에서 금산사까지 이어지는 길 등 12코스를 한상 잘 차려 놓았다. 이 책을 들고 전주의 구석구석을 거닐기를 바란다.

그리고 조금은 늦었지만 늦었을 때가 빠를 때라는 말과 같이 〈경기 옛길〉, 〈서울 둘레길〉, 〈제주 올레〉, 〈지리산 둘레길〉, 〈남해 바래길〉이나 〈진안 고원길〉, 〈강릉 바우길〉, 〈서산 아라뫼 길〉 같이 사무국을 두고 체계적으로 관리되고 있다. 그와 같이 전주를 찾는 국내외 사람들에게 전주의 길을 안내하고 사랑할 수 있는 계기가 마련되었으면 하는 것이 작은 소망이다. 무릇 평온한 꿈을 안고 랭보의 〈감각〉이라는 시를 읊조리며 전주 천년 고도 옛길을 시나브로 걸어가리라.

여름철의 푸른 저녁나절에는, 나는 오솔길로 나서리라..
보리가 듬성듬성한 그 길을, 나는 여린 잡초를 밟으며, 걸으리라
몽상가인 나는 그 싱그러움을 발밑에서 느끼면서,
바람에 내 맨머리를 멱 감기리라.

나는 말 하지 않으리라, 아무런 생각도 하지 않으리라.
하지만 무한한 사랑이 내 마음 속에 솟아오르리라.
그리하여 나는 가리라.
멀리, 아주 멀리, 방랑자처럼, 자연 속으로 따라가리라.

- 랭보, <감각> 중에서

2025년 11월 30일
온전한 고을 전주에서
신정일 드림

전주의 도심 속 숲길 중
가장 아름다운 건지산 길

거리 및 소요 시간 : 9km, 4시간

코스 경로
덕진 공원 → 최명희 묘소 → 건지산 정상 →
조경단 (이한공 묘) → 전북대 → 가련산 줄기 → 전주천

전문가 : 민승기 (여행 작가)

조선 오백 년 역사가 시작된 전주의 진산(鎭山), 건지산 길

도심 속에 있으면서도 태초의 밀림같이 숲이 우거진 길이 건지산 길이다. 아름드리 편백나무 숲과 플라타너스, 단풍나무, 그리고 독일 가문비와 아카시아 숲이 터널을 드리운 길. 걷는 내내 모자를 쓰지 않고 머리에 바람 빗질을 하며 걸을 수 있다.

전국적으로도 이름난 덕진 공원에서 대하소설 《혼불》의 저자인 최명희 묘소를 지나 건지산 정상을 거쳐 전주 이씨 시조 이한 공의 묘인 조경단을 지난다. 다시 가련산 줄기를 타고 전주천에 이르는 이 길은 천천히 걸으면 약 11km에 다섯 시간 정도 걸린다.

숲의 초대와 시인의 통찰

숲으로 들어가는 순간, 나 자신을 잊는다. 숲에 경도(驚倒) 되어서가 아니라, 숲의 움직임에 나 자신이 알지 못하는 사이에 동화되기 때문이다. 잔잔하게 부는 바람결에도 나뭇잎들이 바스락거리고, 제법 센 바람이 불면 나무들이 통째로 흔들린다.

수천수만의 나뭇잎들 사이에 숨어 있어 모습을 보이지 않는 이름 모를 새들의 노랫소리. 후드득 날아가는 소리. 내가 숲의 초대를 받아온 손님인가, 아니면 주인인가도 알지 못한다. 자연 중에서도 온갖 나무들과 풀들, 돌, 그리고 수많은 이야기들이 그물코처럼 촘촘히 얽히고설켜 있는 그 숲을 아름답고 정교한 설교처럼 들려주는 책이 있다.

독일의 작가인 아달베르트 슈티프터의 《숲속의 오솔길》 일부분처럼, 고즈넉하고 아름다운 숲길이 전주의 도심 속에 있다.

"숲속의 꽃들은 얼굴을 쏙 내밀고, 아기 다람쥐는 너도밤나무 가지 위에서 잠시 쉬고 있었다. 사람들이 앞으로 밀고 나오자 공작 나비는 옆으로 비켜 날아가고, 흰 가지 사이로 석류석처럼 빛나는 초록빛 햇살이 하얀 옷 위를 스치듯 지나갔다." (중략)

그런데 그 신비롭고도 아름다운 숲길이 사람들에게 알려진 것은 그리 오래전 일이 아니다. "등잔 밑이 어둡다"는 우리나라 속담처럼 "가까운 곳을 멀리 있는 곳보다 모른다"는 뜻이다. 오랫동안 이 나라 이 땅의 길을 답사하고 다녔으면서도 정작 엎드리면 코 닿을 만한 곳에 숨겨진 보석이 있는 것을 알면서도 모른 체했으니.

전주의 여러 길을 걸으면서도 그 길이 이어지면 어떤 길이 될 것이라는 생각을 안 한 것은 아니다. 차일피일 세월이 흐르던 중 전주의 길들을 '한 번 걸어 보자' 하고 우리 땅 걷기 신정일 대표와 걷다가 보니 환상 속을 걷는 듯한 착각에 빠지게 하는 길이 펼쳐졌다. 전주의 길을 이어서 붙인 길이름이 '전주 천년 고도 옛길' 12코스이고, 그중에서도 가장 압권이 바로 1코스로 명명한 '건지산에서 가련산으로 이어진 길'이다.

《전주 천년 고도 옛길》1코스의 초입은 전북대학교 예술대학을 지나 도로 건너편에 자리 잡은 연화 마을 입구다. 그곳에서부터 본격적인 건지산 길이다. 작은 샛길로 접어들어서 불과 십여 미터도 오르지 않았는데, 마치 심심산골 깊숙한 곳에 들어선 듯 나무 숲이 울창하다. 가끔씩 나무 가지 사이로 자동차 지나가는 소리가 들리는 길은 단풍 터널로 이어지고 그곳에서 조금 오르면 한국 문학사에 길이 남을 대하 장편 소설인 《혼불》의 저자인 최명희 묘소에 이른다.

1947년 10월 10일 전라북도 전주에서 출생하여 1998년 12월 11일 작고한 최명희는 1980년 중앙일보 신춘문예 소설 〈쓰러지는 빛〉으로 당선하였다. 그 뒤 대하 장편 소설 《혼불》에 매달렸다. 이 책은 소설이기 이전에 역사와 민속, 사라져 가는 우리말의 보고라고 할 만큼 아름다운 우리말과 전해 내려온 민화와 옛글이 방대하게 실려 있다.

그는 기나긴 17년 동안 수많은 자료를 수집하고 정리하면서 글을 쓰다가 결국 《혼불》을 미완(未完)으로 남긴 채 생을 마감했다. 그가 남긴 《혼불》 속에 조선 선조 때의 문인인 권문해가 그의 아내가 죽자 지은 제문이 실려 있다.

권문해는 그의 나이 20세인 1553년(명종 8)에 24세가 되던 현풍 곽씨(郭氏) 곽명(郭明)의 외동딸을 아내로 맞았다. 그러나 후사 없이 그의 나이 49세에 아내가 죽었다. 그는 30년을 동고동락하며 괴로움과 즐거움을 함께 나누던 아내를 잃은 뒤 90일 장사를 지내면서 아내에게 뼈에 사무치는 제문을 남겼다. 다음 글은 《초간일기》에 실려 있다.

제망실 숙인 곽씨 문(祭亡室 淑人郭氏文) …… 내 나이 스물이요, 그대의 나이 스물네 살에 하늘이 우리를 짝지어 주셨으매, 그때가 계축년 이월이었소. 엄전한 모습과 아름다운 덕을 지녀 집안을 화평하게 하고, 부녀의 도리를 다하여, 짜증을 부리거나 시샘하는 것을 우리가 부부로 맺어진 이래 30년 간 나는 한 번도 보고 듣지 못하였소. …… 나무와 돌은 풍우(風雨)에도 오래 남고 가죽나무 상수리나무 예대로 아직 살아 저토록 무상한데 그대는 홀로 어느 곳으로 간단 말인가. 서러운 상복을 입고 그대 영궤(靈几) 지키고 서 있으니 둘레가 이다지도 적막하여 마음 둘 곳 바이없소. 얻지 못한 아들이라도 하나 있었더라면 날이 가면서 성장하여 며느리도 보고 손자도 보아 그대 앞에 향화(香火) 끊이지 않을 것을 오호 슬프다. .... 오호, 서럽고 슬프다. 사람이 죽고 사는 것은 우주에 밤과 낮이 있음 같고 사물의 시작과 마침이 있음과 다를 바 없는데, 이제 그대는 상여에 실려 저승으로 떠나니 그림자도 없는 저승 나는 남아 어찌 살리. 상여 소리 한 가락에 구곡간장 미어져서 길이 슬퍼할 말마저 잊었다오. 상(尙) 향(饗)."

이 제문은 너무 일찍 세상을 떠난 최명희 그 자신을 위해 쓴 것이 아닐까? 《혼불》 속의 소소한 이야기들이 바람결에 들릴 것 같은 최명희 묘소를 지나며 그의 글들을 떠올려 본다.

"살아 있는 사람에게는 누구나 혼불이 있다고 합니다. 혼불, 이런 정신의 불, 목숨의 불, 감성의 불, 또는 사람을 가장 사람답게 하는 정령의 불을 가리키는 말이지요."
- 최명희 〈나의 혼 나의 문학〉 중에서

"아아, 강실아, 둥글고 예쁜 사람아, 네가 없다면,... 나의 심정이 연두로 물들은 들 어디에 쓰겠느냐"
-《혼불》 속의 한 구절

사람을 가장 사람답게 한다니, 얼마나 기막힌 말인가, 《혼불》 속의 한 구절을 떠올리며 걸어가는 건지산 길은 단풍나무가 울창하게 우거진 숲길이다.

숲의 갈림길과 플라타너스

하늘이 보이지 않는 단풍나무 숲길을 따라시 기다가 보면 복숭아 과수원이 나타나고 길은 두 갈래로 나뉜다.

　"노란 숲속에 두 갈래 길이 갈라져 있었습니다. 안타깝게도 나는 두 길을 갈 수가 없는 한 사람의 나그네라 오랫동안 서서 한 길이 덤불 속으로 꺾여 내려간 데까지 바라다볼 수 있는 데까지 멀리 보았습니다.
　그리고 똑같이 아름다운 다른 길을 택했습니다. 그럴 만한 이유가 있었습니다. 풀이 더 우거지고 사람이 걸은 자취가 적었습니다.

　"훗날에 훗날에 나는 어디에선가 한숨을 쉬며 이 이야기를 할 것입니다. 숲속에 두 갈래 길이 갈라져 있었다고, 나는 사람이 적게 간 길을 택하였다고, 그것으로 해

서 모든 것이 달라졌노라고."

-로버트 프로스트의 빼어난 시 〈가지 않는 길〉

인생을 살아가면서 가끔씩 두 갈래 길을 만나고 그때 어느 길로 갈까 망설여본 사람들은 알 것이다. 한 편의 아름다운 시이자 사연 많은 인생을 노래한 시 한 편을 떠올리며 플라타너스 숲길을 오르다 보면 자작나무 몇 그루가 보이고, 좌측으로 난 길을 따라가면 하늘이 안 보이도록 빼곡하게 우거진 단풍나무 숲에 이른다. 숲에서 한가로움을 마음껏 누리는 사람들이 삼삼오오 모여 있고, 그 길을 따라가다가 보면 장군 바위라는 바위 하나가 덜렁 놓여져 있다. 가끔 햇살이 밀양(密陽)처럼 쏟아져 내릴 때면 천지 창조처럼 한 줄기 햇살 기둥이 은밀하게 비치는 것을 볼 수가 있다.

사람들이 옹기종기 모여 앉아 담소를 나누는 풍경이 한 폭의 그림 같은 산길을 올랐다가 울창한 숲 사이를 내려가면 복숭아 과수원 사잇길이다. 아늑하게 펼쳐진 오송지는 예전에 큰 소나무 다섯 그루가 있어 '오송리'라 불리는 마을이 있었다고 하며, 그 근처에 있는 못이라 하여 '오송지'라는 이름을 갖게 된 것이라고 한다. 연꽃이 피고, 수련이 피고, 그리고 나무 숲이 에워싼 오송지를 지나면 울울창창하게 우거진 편백나무 숲에 이른다.

치유의 숲, 건지산 정상

아픈 사람의 몸을 치유하는 데 더없이 좋다는 편백나무 숲으로 들어가 편백나무의 정갈한 정기를 받아들인다.

"청춘의 힘과 정기는 점점 없어지고 나이와 함께 우리는 늙어간다."

루크레티우스의 말을 이해해서 그런지, 사람들이 세상에 부대낀 마음들을 내려놓고 나무 아래서 스스로를 잊고 앉아 있고, 한편에서는 현장 학습을 나온 유치원 아이들이 노래를 부르고 있다. 나고 죽는 세상의 이치처럼, 생성과 소멸이 편백나무 숲에도 존재하는데, 예나 지금이나 사람들에게 숲은 치유의 공간이자 사색의 공간이다.

편백나무 숲에서 나무를 얼싸 안기도 하고 기대기도 하다가, 천천히 발길을 옮겨 어린 날의 기억같이 그윽한 고개를 넘어서면 길은 〈한국 소리 문화의 전당〉을 바라보며 숲길로 이어진다.

"이 산 저 산 꽃이 피니, 분명코 봄이로구나, 봄은 찾아왔건마는 세상사 쓸데없다."

문득 《사철가》의 한 대목이나, 브람스의 교향곡 4번의 4악장이 들릴 것 같은 〈한국 소리 문화의 전당〉을 우측에 두고 나뭇잎이 바람에 휘날리는 길을 따라가다가 우측으로 눈을 돌리는 순간 아! 하고 탄성이 터진다. 오래된 플라타너스 나무들이 사열하듯 서 있다. 버즘나무라고도 부르는 이 나무들이 우뚝우뚝 서 있는 이 나무 숲을 일컬어 어떤 사람들은 그로테스크하다고 말했는데, 저 나무들은 어떤 사연들을 지닌 채 저렇게 서 있는 것일까?

장엄이랄까? 아니면 탄성이랄까? 하여간 뭐라고 형언할 수 없는 마음으로 플라타너스 숲으로 들어가 그 굵은 나무에 등을 기대고 선다.

"사람이 나무를 지나갈 때, 그 나무가 있고, 나무를 사랑한다는 사실에 행복해하지 않고, 어떻게 나무 옆을 지나갈 수 있는지, 나는 이해할 수 없다…… 삶의 매 걸음마다, 방탕아까지도 경이롭게 느끼는 놀랄 만한 일들이 얼마나 많은가?"

얼마나 나무를, 아니, 모든 사물들을 사랑했으면 도스토옙스키는 이런 말을 남겼을까? 내가 나무에 등을 기대고 눈을 감고 귀를 기울이면 나무들이 막 말을 건넬 듯싶다. 떨어진 플라타너스 나뭇잎을 주워서 책갈피에 하나 넣고 다시 길을 나선다. 길은 숲으로 들어가기도 하고 과수원 길로 이어지기도 하다가 용수 동남쪽에 있는 대지 마을에 이른다. 구부러지고 휘돌아가는 그 길이 얼마나 아름다운지.

"그대들의 눈에 비치는 사물들이 순간마다 새롭기를, 현자란 바라보는 모든 것에 경탄하는 사람이다."

앙드레 지드의 《지상의 양식》의 한 구절처럼 경탄에 경탄을 거듭하며 걷노라면 어느새 나도 현자(賢者)가 될 것만 같다.

이윽고 길은 호성동과 동물원을 잇는 포장 도로를 건너고, 햇살을 즐기러 나온 동물원의 기린들과 무언의 대화를 나누고 걷는 길은 넓지도 그렇다고 좁지도 않다. 조릿대 우거진 길을 지나면 아름드리 참나무가 우뚝우뚝 서 있는 길. 그 길을 천천히 오르다 보니 건지산(乾止山) 정상이다.

건지산은 전주시 덕진구의 덕진동에 위치한 산(해발 101m)으로 전주의 진산이다. 이 산에는 전주 이씨의 시조인 이한(李翰)의 묘소인 조경단(肇慶壇)이 있고 주변에는 전북대학교와 세계소리문화의전당, 전주동물원이 있다. 《신증동국여지승람》(전주)에 이규보(李奎報, 1168~1241)가 이 산을 "전주에 건지산이 있는데 소목이 울창하여 주(州)의 웅진(雄鎭)이다."라고 기록되어

있다. 영조 때에 편찬된 《여지도서》에 "진안현 마이산에서 뻗어 나와 고을의 진산(鎭山)을 이룬다. 관의 북쪽 10리에 있다."고 수록되어 있다. 전북대의 학술림으로 조성되어 나무 숲이 울창하게 우거져 있다.

건지산 정상에서 내려와 푸른 나무 숲이 우거진 숲길을 세상의 근심 걱정을 잊어버리고 걸어가면 어찌 그리도 마음이 한가로운지. 천천히 휘돌아가다 묘지석도 없는 무명(無名)의 묘소에 이르면 전주시가 한눈에 들어온다.

전주! '온전한 고장'이라고 부르는 전주에 살고 있는 사람들은 전주를 떠나려 하지 않는다. 왜 전주를 그처럼 좋아하는 것일까? 이유는 자명하다. 우리나라 어디를 가고자 하건 반나절이면 갈 수가 있고, 역사적 유물이 많으면서 문화적 풍토가 남다르기 때문이다. 그리고 온전 전(全) 자를 써서 그런지 지진이나 풍우에도 해가 없는 지역이라서 그렇다. 고덕산, 모악산, 황방산으로 둘러싸인 전주를 그윽하게 바라보다가 숲길 사이를 걸어가면 다시 편백나무 숲길에 이른다. 바로 그 앞은 전주 시민들이 모여서 운동을 즐기는 체련 공원이다.

장성의 편백나무 숲과 같이 울울창창한 편백나무 숲에서 마음을 내려놓고, 아니 육신까지 다 내려놓고 나무에 기댄다. 그때 문득 떠오르는 시가 괴테의 〈나그네의 밤 노래〉이다.

"산봉우리마다 깃든, 고요, 미풍 한 점 없는 나뭇가지들, 여린 숨결 하나, 숲 속 새들도 노래를 그쳤다. 기다리라, 그대 또한, 곧 쉬게 되리니,"

지친 몸과 마음이 저절로 상쾌해지고, 새로운 생각이 물씬물씬 피어오르는 길이 바로 건지산 길이다. 날은 따스하고, 여기저기 철 이르게 핀 산수유 꽃과 개불알꽃이 피어나고, 부지런한 꿀벌들은 꿀을 따느라 부산하다. 곧이어 이곳에 창포와 연잎이 무수히 피어나리라. 오늘 천천히 거닐며 보았던 산천과 사람, 어느 한 가지도 '봄바람에 하나같이 꽃'이라는 말과 같이 꽃 아닌 것이 없다.

"간밤에 봄바람이 불어 온갖 나무가 일시에 깨쳐 하루에 한 송이가 피고 이틀에 두 송이가 피어 삼백예순 날에 삼백예순 송이가 피니 온 몸이 온통 꽃이요. 온 집안이 온통 봄이다."

동학을 창시한 수운 최제우 선생이 노래를 불렀던 그 소리를 따라 정다운 사람들과 찬란한 전주의 봄을 맞으러 나선다면 얼마나 행복할까?

전주 이씨의 시조묘, 조경단

아름다운 도심 숲이 조성된 건지산이 영조 때 편찬한 《여지도서(輿地圖書)》에는 다음과 같이 실려 있다.

"민간에 전하는 말에 따르면, 전주 이씨의 시조인 사공공 이한의 무덤이 이곳에 있었다고 한다. 영조 때 흙을 파내 그 묘역을 조사하게 하였는데 소득이 없었다. 마침내 부근에 있는 백성의 무덤을 파내고 감관과 산지기를 두었으며, 표지를 세워 나무나 풀을 베지 못하도록 했다. 감사와 수령들이 각별히 삼가며 수호하여 받들어 모시는 예를 다하도록 했다고 한다."

그 뒤 한 말의 유학자로 조선이 망하자, 자결을 택한 매천 황현이 지은《매천야록》에는 이 내용이 더 세밀하게 기록되어 있다.

"전주 건지산에 조경단을 축조했다. 임금이 재위에 오르게 된 것은 조종의 발복이라 생각하고 지사를 파견하여 각처의 능을 봉심하도록 하였다. 지사는 모두 여기가 아니라고 하더니, 건지산에 이르러 두 번 절하며 말하기를, "여기가 천자를 낸 자리이다" 하며, 임금에게 권하여 추원의 도리를 다하도록 하였다."

"건지산은 전주부의 북쪽 십 리쯤 되는 곳에 있는데, 구전에 태조 이상의 의총(義冢)이 있다고 하던 곳이다. 국초부터 경계를 정해 출입을 금지하여 보호해 왔는데, 세월이 흐름에 따라 법이 해이해져 몰래 쓴 무덤들이 여기저기 널려 있었다. 이 때에 이르러 모두 파내고 의총에 봉분을 더 쌓고 시조인 신라 사공(司空)의 묘라 간주하였다."

"이 역사가 크게 벌어져 원망의 소리가 길에 가득하였다. 지사는 함경도 사람으로 주씨 성을 가진 자였는데, 몰래 위조한 참서(讖書)를 파묻어 놓았다가 그것이 드러나자, 황제를 칭한 이후 국운이 300년까지 이어진다고 말했다. 임금은 크게 기뻐하여 마침내 그만둘 수가 없게 되었다. 경관으로는 이호익과 삼상황이 와서 감독하였으며, 본도에서는 관찰사 이완용이 관장하였다. 그러나 재원이 부족함을 걱정하여 김창석과 정귀조를 별 감동으로 임명하여 비용을 대도록 하였다. 이 두 사람은 전주의 거부였다."

"또한 삼척의 노동과 동산의 의총에도 단을 쌓도록 하되, 모두 건지산의 예에 따랐다. 이 중하를 파견하여 감독하도록 하였는데, 노동의 묘는 '준경단(濬慶壇)', 동산의 묘는 '영경단(永慶壇)'이라 일컬었다."

이러한 역사를 간직한 조경단은 조선 태조 이성계의 21대조로 시조인 이한(李翰)과 동비(同妣)인 경주 김씨의 위패를 봉안하는 시조 묘로 현재 전라북도 기념물로 지정되어 있다. 조경단이 조성된 것은 영조 47년(1771년)이었다. 조선 칠도 유생들이 건립을 건의하여 건지산(乾止山)에는 조경단을 조성하였고, 발산(鉢山)에는 목조의 유허비를, 오목대(梧木臺)에는 태조의 주필 유지비를 세우게 되었다.

건지산 기슭의 울창한 나무 숲에 둘러싸여 있는 조경단은 1만여 평의 경내에 주변을 돌담으로 쌓고 사방에 문을 세웠다. 조경(肇慶)은 '조선 왕조 창업의 경사가 시작되다'라는 뜻으로 1899년(고종 3) 건지산 왕자봉 아래에 단을 쌓아 묘역을 조성하고 해마다 제사를 지내고 있으며 단을 중심으로 450 정보의 단역을 조성하였다. 조경단은 전주가 왕조 전주 이씨의 발원지라는 것을 상징하는 곳으로 조경단 남쪽 20m 지점에는 고종의 친필로 새긴 '대한 조경단' 비석이 비각에 안치되어 있다.

조경단을 나와서 전북대를 좌측으로 두고 덕진 공원 쪽으로 발길을 옮긴다. 아름드리 나무 숲이 사열하듯 서 있는 길을 따라가면 덕진 공원에 이른다.

덕진 연못의 풍경과 동학의 역사

　건지산의 한 맥이 서쪽으로 가다가 덕지(德池, 지금의 덕진 연못)가 되었는데 매우 깊고 넓다. 전주에 덕진 연못이 만들어진 것은 풍수 지리설이 활기를 띠던 고려 때부터였다고 한다. 전주의 땅이 서북쪽으로 열려 있기 때문에 땅의 기운이 음지인 서북쪽으로 빠져나가는 것을 막으려고 이 지역 사람들이 동쪽의 건지산과 서쪽의 가련산 사이에 커다란 못을 팠다고 한다. 《신증동국여지승람》 '산천 조'에 덕진 공원이 다음과 같이 실려 있다.

　"덕진지(德津池), 부의 서쪽 10리에 있다. 부의 지세는 서북방이 공결(空缺)하여 전주의 기맥(氣脈)이 이쪽으로 새어 버린다. 그러므로 서쪽으로는 가련산으로부터 동으로 건지산까지 큰 뚝을 쌓느라 기운을 멈추게 하고, 이름을 덕

진이라고 하였으니, 둘레가 9천 73자이다. 풍월정(風月亭)의 시에 "깊은 못은 일망하니 푸른 하늘이 비쳐 있네. 고래로 이 못을 파는 데 몇 사람의 공이 들었 을까. 마을 연기 멀리 끼어 가을 달이 몽롱하고, 어부의 피리 소리는 저녁 바람 이 비꼈도다."

이곳 덕진지의 경치를 유순도는 이렇게 남겼다. "깊고 깊은 물에 허공이 비 쳐 있고, 덕을 쌓았으니 제물(濟物)하는 공을 갖추었네. 이곳에 참용(驂龍)이 일어나지 않았다면, 세상 어느 곳에서 뇌풍(雷風)을 찾았으리오."

조선 시대에는 풍월정이라는 정자가 있었다는데, 풍월정은 사라지고 일제 시대에 전주의 큰 부자였던 박기순이 세운 취향정만 남아 있는 덕진 연못은 연 못의 절반을 뒤덮는 연꽃과 빼어난 조경 때문에 시민 공원으로 주목을 받고 있 다. 연꽃이 만발한 여름 밤에 이곳을 찾아와 북송 시대의 학자인 주무숙(周茂 叔)의《애련설(愛蓮說)》을 읊어도 좋으리라.

"내가 오직 연꽃을 사랑함은, 진흙 속에서 났지만 거기에 물들지 않고, 맑은 물결에 씻겨도 요염하지 않기 때문이다. 속이 비어 사심이 없고, 가지가 뻗지 않아 흔들림이 없다. 그 그윽한 향기는 멀수록 더욱 맑고, 그의 높은 품격은 누구도 업신여기지 못한다. 그러므로 연은 꽃 가운데 군자라 한다."

연지에서 연꽃을 보면서 풍류를 즐겼던 사람 중에 조선 후기의 학자인 다산 정약용을 빼놓을 수 없다. 초년 운이 좋아 벼슬길이 순조로웠던 다산 정약용이 천주교로 인하여 강진으로 유배형을 당하기 전 젊은 날에는 풍류를 즐겼다. 당시 정약용과 친교를 맺었던 선비들이 죽란 시사(竹欄詩社)라는 풍류계를 맺고 이른 새벽 서련지에 모여서 연꽃이 터지는 소리를 들었다. 그 소리를 청개화성(聽開花聲)이라고 이름 지었고, 연지에서 연잎에 술을 따라 연대(蓮臺)로 마셨다. 연꽃이 아름답기로 소문이 난 전주 덕진 연못이나 나라 안 곳곳의 연지에서 여름 새벽에 정약용이 체험했던 청개화성을 재현한다면 얼마나 운치 있고 재미있을까?

이곳에 동학 농민 혁명의 세 지도자인 전봉준의 동상과 신영복 선생이 글씨를 쓴 김개남과 강희남 선생이 글씨를 쓴 손화중의 추모비가 서 있다.

전봉준, 손화중과 더불어 동학 농민 혁명의 3대 지도자 중 한 사람인 김개남은 전봉준과 함께 태인 성황산 전투에서 동학 농민군을 해산한 뒤 회문산 아래 산내면 종성리 매부 집으로 몸을 숨겼다. 그 마을에 옛 친구 임병찬이 있었다. 그는 아전 출신이었고 그 근방의 부호였다. 임병찬이 아랫마을에 있는 김개남에게 자기가 있는 마을로 올라오면 숨겨 주겠다고 한 뒤 김개남이 그 마을로 오자 전라 감영에 신고했다. 전라 감사 이도재는 강화 수비병의 종군이었던 황헌주와 포교들을 보냈다.

김개남이 숨어 있던 집을 포위한 관군이 "어서 나와 포승줄을 받으라"라고 말하자 김개남은 측간에서 변을 보고 있다가 "올 줄 알았다. 똥이나 누고 나가겠다."하고 껄껄 웃었다고 한다. 김개남을 잡아갈 적에 그가 혹시 도술을 부릴

전봉준선생상
보국안민

지 모른다고, 열 손가락 열 발가락 손끝 발끝에 대꼬챙이를 박았다고 하며, 그의 부하들에 의해 탈취될 것을 염려해서 짚둥아리로 묶어서 데려갔다고 한다. 그때 그 광경을 지켜본 농민들이 불렀던 참요가 있다.

"개남아 개남아 김개남아 수천 군사 어디다 두고 짚둥아리가 웬 말이냐."

김개남은 전주로 끌려가 전라 관찰사 이도재의 즉결 심판으로 전주 서교장에서 효수당하여 고난에 찬 생애를 마감했다. 그 처형 상황을 한 말의 유학자인 매천 황현은 이렇게 적어 놓았다.

"적 김개남이 형벌에 복종하여 죽음을 받았다. 심영(沁營)의 중군 황헌주(黃憲周)가 개남을 포박하여 전주에 도착하자 감사 이도재가 개남을 신문하였다. 개남은 큰 소리로 "우리들이 한 일은 모두 대원군의 은밀한 지시에 의한 것이다. 지금 일이 실패한 것은 또한 하늘의 뜻일 뿐인데 어찌 국문한다고 야단이냐."고 하였다. 도재는 마침내 난을 불러오게 될까 두려워 감히 묶어서 서울로 보내지 못하고 즉시 목을 베어 죽이고 배를 갈라 내장을 끄집어 냈는데 큰 동이에 가득하여 보통 사람보다 훨씬 크고 많았다. 그에게 원한을 가지고 있는 사람들이 다투어 내장을 씹었고, 그의 고기를 나누어 제사를 지냈으며 그의 머리는 상자에 넣어서 대궐로 보냈다."

김개남을 밀고한 임병찬은 훗날 면암 최익현과 더불어 의병 활동을 시작하였고 대마도까지 동행한다. 면암 최익현의 순절 후 고향으로 돌아온 그는 그 후 다시 체포되었으며, 1916년 5월 유배지 거제도에서 단식사하고 만다. 나라를 위한 마음은 똑같았지만 나라를 위한 방법은 그렇게 달랐다.

1980년대 말에 황토현 문화 연구소를 비롯한 여러 단체들이 〈김개남 장군 추모 사업회〉를 1991년에 발족하여 1994년 5월에 전주 덕진공원에 신영복 선생이 글씨를 써서 〈개남아, 개남아, 김개남아〉라는 〈김개남 장군 추모비〉를 세웠다. 그가 죽은 지 백 년이 넘은 1995년에 그가 살았던 정읍시 산외면 동곡리 지금실 마을에 "김개남 장군이 살았던 옛터"라는 유허비를 세웠고 1995년 4월 9일에 그가 살았던 마을 입구에 그의 무덤을 만들고 묘비를 세웠다.

그리고 1995년에는 김개남 장군 묘 근처에 동학농민혁명의 3대 지도자 중의 한 사람이자 무장접주였던 손화중 선생 기념비를 강희남 목사의 글씨로 〈사람이 한울이다〉라는 글씨를 새겨서 세웠다. 이로써 오래 전에 세운 전봉준 동상과 함께 세 사람의 지도자가 나라 안에 최초로 덕진공원에 모여 있는 것이다.

이곳 덕진공원에는 부안 출신으로 전주에서 살다가 작고한 신석정 시인의 시비와 연화정 도서관이 있다. 덕진 연못에서 흘러내린 물은 송천동을 지나 전주천의 물과 합쳐진 뒤 만경강으로 들어간다. 한때 나라 안의 이름난 연지로 〈돌아가는 삼각지〉를 부른 배호가 노래를 부르기도 했던 덕진연못을 지나 기린로를 건너면 가련산(可連山)이다. 《신증동국여지승람》 '산천 조'에 실

려 있는 가련산은 전주시 도심에 위치한 산으로 높이는 106m이다. 전주시를 지나 북쪽으로 흐르는 전주천과 삼천이 합류하는 지점에 있으며 도심의 한가운데 위치하여 도심 공원으로 역할을 하고 있다. 전주 덕진 중학교가 위치하고 있으며, 전주지방법원과 전주지방검찰청이 남쪽 산자락에 있다가 혁신도시로 이사를 갔다. 산 정상에는 한국 전쟁 당시 전투 중에 사망한 학도병을 기리는 순국 학도 현충비가 있다.

전주의 중심부에 자리 잡은 산으로 아름다운 도심 숲과 조경단, 그리고 덕진 공원과 전북대학교를 품에 안고 있는 산이 건지산과 가련산이다. 이곳을 걷다가 보면 숲이 인간에게 무엇인가를 깨달을 것이다. 봄, 여름, 가을, 그리고 눈이 내려 쌓이는 겨울, 사시사철 자연스레 변하면서 인간에게 어떤 것들을 주는지를. 온갖 나물과 열매, 그리고 연료를 주기도 하지만 무엇보다 소중한 추억을 주는 것이 바로 숲이다. 도심 속에 아름다운 숲이 있어서 언제든지 찾아갈 수 있다는 것은 얼마나 가슴 설레는 일인가?

화산에서 다가산 거쳐
완산칠봉으로 이어진 길

거리 및 소요 시간 : 8km, 약 4시간

코스 경로

전주천 → 서신동 롯데 아파트 → 화산- 다가 공원 → 용머리 고개 →

완산 칠봉 → 꽃밭정이 네거리

전문가 : 김경선 (전북 숲해설가협회 회장, 숲 해설가)

華山亭

울울창창 숲이 우거진 화산을 지나 완산으로 가는 길

저마다 살아가는 방법이 다르다. 저마다 사랑하는 방법도 다르다. 저마다 슬픔도 기쁨도 다르다. 다르게 사는 것, 그것이 잘 사는 것이다. 그런데 행여라도 다른 사람과 다르게 사는 사람을 보면, 안달이 나서 어쩔 줄을 모르는 것이 대다수의 사람들이다. 왜 그럴까? '숲은 보지 못하고 한 그루 나무만 본다'는 말과 같이 하나의 단면만 보고 전체를 보지 못하기 때문이다.

저마다 다른 나무들이 울울창창하게 우거져 있는 화산과 다가산, 그리고 완산칠봉을 오르며 이름만 들어도 가슴이 설레는 '숲'에 대해 생각한다.

독일의 철학자인 쇼펜하우어의 〈세상을 보는 지혜〉 중 '멀리서 본 숲처럼

아름다운 행복'에 대한 이야기에 숲에 대한 내용이 들어 있다.

"인간의 행복은 아름다운 나무들이 우거져 있는 숲과 같다. 이 숲을 멀리서 보면 놀라울 만큼 아름답지만 가까이 다가가거나 그 안으로 들어가면 조금 전의 아름다움은 어느덧 사라지고, 조금 전의 그 아름다움이 도대체 어디 있는지 몰라 나무들 사이에 멍하니 서 있게 된다. 우리들이 다른 사람의 명예나 재산, 행복을 부러워하는 것도 마찬가지이다."

그런 생각이 들 때면 불현듯 문을 열고 나가서 걷다가 보면 모든 고민의 실타래가 풀릴 것 같은 길, 걷다가 보면 가슴이 두근두근 설레는 길, 그 길, 세파에 시달린 현대인들이 가장 걷고 싶어 하는 길 중에 한 곳이 숲길일 것이다.

스페인 태생의 미국 철학자인 조지 산타야나가 50세에 하버드 대학의 강단에 서 있었다. 석양은 창문을 비스듬히 비추고 새들은 날아서 올라갔다. 이 광경을 보던 산타야나는 몸을 돌려 분필을 내려놓은 뒤에 학생들에게 다음과 같이 말한다. "난 봄과 데이트 약속이 되어 있어서 나가네." 그리고 밖으로 나간다.

세상에 해야 할 일이 많아도, 시간에 쫓겨도 문득 그렇게 문을 열고 나가서 걷고 싶은 길, 걷지 않으면 서운한 길이 전주에 있다. 가련산 끝 자락에서 전주천을 거슬러 오르다가 서신교에 이르고, 화산 끝자락에 자리 잡은 롯데아파트 옆 계단에서 시작되는 〈전주 천년 고도 옛길〉 2코스가 그런 길이다.

산길에서 만나는 자연과 사색을 한다

천천히 오르는 계단 길, 나뭇잎들이 부는 바람에 살랑살랑 하늘거리는 길, 조금 오르면 능선 길이다. 늘 푸른 소나무는 보이지 않고 아카시아와 때죽나무, 참나무들이 우뚝우뚝 서 있는 길, 가끔씩 맨발로 걷는 사람들이 우리가 가는 길을 앞질러 가기도 하고 스쳐서 지나간다. 봄에 아카시아꽃이 만개할 때면 온 세상을 아카시아 향내로 물들이는 길을 걷다가 보면 떠오르는 글 한 편이 있다.

"욕망, 그것은 기쁨이 크나큰 원천으로, 영혼은 그 원인을 깨닫지 못한 채 또 외부적인 그 어떤 것도 그 동기가 아니란 걸 이해하지 못한 채 그것을 느끼고 만다. 이처럼 만족되지 않은 그리움으로 수목을 바라보던 나는 그 수목을 지나, 그 수목들이 매일 몇 시간씩 숨겨 두는 매우 아름다운 훌륭한 산책로 쪽으로 나도 모르는 사이에 향하고 있었다. 아카시아 소로를 향해 걸었다. 크게 자란 나무숲 몇 군데를 가로질러 지나갔다."

20세기의 빼어난 작가 중의 한 사람인 마르셀 프루스트의 〈잃어버린 시간을 찾아서〉에 실린 글이다.

열풍처럼 스치고 지나간 코로나 이후의 낯익은 풍경이지만 열에 한둘은 마스크를 쓰고 마치 복면가왕처럼 지나가는 산길은 적막하고, 문득 들리는 새소리, 꾀꼬리 소리이다.

"지빠귀가 느릅나무 속에서 달콤하게 노래를 부르고 있다. (The mellow fluting in the eim)"

영국 빅토리아 시대의 시인 알프레드 테니슨(Alfred Tennyson)이 자신이 쓴 시 중에 이 시를 가장 아름다운 시라고 자평했는데, 도심의 숲속에서 적막한 산속에서나 들을 수 있는 꾀꼬리 소리를 듣고, 문득 날개 파닥이며 나무숲 사이를 날아가는 새들을 볼 수 있다는 것은 가슴이 따스해지는 기쁨이다.

화산 자락에 기대어 사는 사람들의 발걸음이 만들어 낸 산길에는 마삭줄 길도 있고, 김유정의 〈동백꽃〉에서 동백꽃이라고 부르는 생강나무 꽃나무도 있다. 생강나무 나무 줄기를 꺾어서 생강 냄새를 맡는다. 동행했던 김준희 천리길 해설사가 생강나무 꽃잎을 두고 새로운 해설을 한다.

"이 나뭇잎을 보세요, 이 나뭇잎은 뫼 산(山) 자를 닮았지요. 이 잎은 하트 모양을 하고 있지요. 이 나무는 산을 사랑하는 나무라고 부를 수 있지요? 원래 하트 모양의 나뭇잎이 자라면서 뫼 산 자 모양으로 변형되는 것이랍니다."

같이 동행한 신정일 대표가 그 말을 받아서 말을 잇는다.

"나는 길에서 이 생강나무를 만나면 가지를 꺾어서 생강 냄새를 맡게 하고서 가지고 가던 물을 먹으라고 권한다. 냄새로 맡은 생강과 함께 물을 마시면 생강차가 되니까 생강차 한 잔에 천 원씩을 받아서 서울 청담동에 땅 이만 평을 사두었다."

신정일 대표의 말에 진위를 묻는 사람이 있지만, 그것은 신정일 대표만 아는 일이다. 하지만 세상의 모든 지혜는 길에서 배우는 것이고, 길은 걷는 자의 것이기 때문에 그의 말이 맞기도 하다. 세상은 모든 살아 있는 사람의 것이기 때문이다.

부처님이 말하기를 '나 이외는 모두가 다 나의 스승이다.' 그 말은 맞다. 살아가면서 누구나 길에서 배운다. 세상의 모든 사물이 다 모든 사람들의 스승이다.

저마다 다른 수종들이 저마다 다른 형태로 서 있는 나무들을 바라보며 사람들처럼 다른 곳으로 옮겨 다니면서 살지 못하고 한 자리를 지키고 서 있는 나무들에게도 '영혼이 있을까?' 하는 엉뚱한 생각이 떠오른다. 저 나무들도 사람처럼 감정이 있다면 우리가 바라볼 때 평화로워 보이는 저 나무들도 미워하는 나무와 사랑하는 나무가 있을까? 그 해답을 프랑스의 철학자이자 사회학자인 미셸 푸코가 들려준다.

"사물들이 서로 간에 증오감을 갖고 있음은 주지의 사실이다. 올리브와 포도나무는 양배추를 싫어하며, 오이는 올리브로부터 도망간다고 한다. 모든 식물은 태양의 온기와 대지의 수분에 의해 성장하기 때문에 굵고 무성한 나무가 단지 몇 개의 뿌리를 가진 나무에 대해 유해(有害)한 것은 당연한 일이다."

- (카르단, <사물의 기묘함에 대하여>, 미셸 푸코 <말과 사물> 중에서

그럴 것이다. 성인군자라도 미워하는 사람이 있고, 사랑하는 사람이 있는 것과 같이 나무들도 그러할 것이다. 왜 그럴까? 자연(自然)이라는 말의 의미 스스로 자(自)에 그러할 연(然)인 자연이기 때문이다. 다산 정약용 선생도 비슷한 말을 남겼다.

"밉게 보면 잡초 아닌 풀이 없고, 곱게 보면 꽃 아닌 사람이 없다."

그 말도 맞다. 아름답다고 여기는 꽃이나 쓸모없다고 여기는 잡초도 결국은 사람이 규정한 것이라서 어느 것이 옳은지 그른지를 분간하기는 쉽지 않고, 평화롭다고 여기는 자연 속에서도 끊임없이 죽고 죽이는 싸움이 계속되고 있다. 그래서 키 큰 나무들은 낮게 자라는 나무에게는 유해한 적일 수밖에 없다. 그런 의미에서 여기저기 옮겨 다니며 살아갈 수 있는 자유로운 인간, 그 '자유'가 얼마나 큰 축복인가는 부자유를 느껴본 사람만이 안다.

바로 이 산 아래에 도토리골 마을이 있다. 어은골로 불리고 있지만 한글학회에서 펴낸 <한국지명총람>에는 엉골로 쓰여 있고, 엉골산이라고 표시된 도토리골은 그 형상이 배의 돛대 형상이라고 해서 돛대, 또는 풀어 쓰다가 보니 도토리마을이 되었다.

　이런저런 상념에 젖어 산길을 걷는 이 화산 자락 중화산동에 화산서원이 있었다. 화산동이라는 이름의 연원이 되는 화산서원은 선조 11년인 1578년에 지방 유림의 공의로 기묘사화 이후 역사 속으로 숨어 들었던 영남 사림을 부활시킨 이언적(李彦迪)과 송인수(宋麟壽), 육대춘(陸大春)을 추모하고, 그들의 학문과 덕행을 추모하기 위해 창건하여 위패를 모셨다.

　효종 9년인 1658년 '화산(華山)'이라 사액을 받았다고 알려진다. 하지만 인조 2년인 1624년 건립되었다는 설도 있는 화산서원은 설립 이후에 선현을 배향하고 지방 교육의 일익을 담당했다. 그때 임금의 명으로 송시열(宋時烈)이 글을 짓고 송준길(宋浚吉)이 글씨를 썼다. 그 뒤 고종 6년인 1869년 흥선대원군이 서원 철폐령으로 인해 훼철되었고, 서원이 있던 자리에 을사오적 중의 한 사람으로 전라감사를 지낸 이완용이 그의 증조부 묘를 썼다.

　옛 화산서원 터에는 전라북도 문화재자료 제4호로 지정된 화산서원비가 남아 있어서 그 옛날의 역사를 증언한다. 복원되지 못했던 화산서원이 다시 완주

에 세워진 것은 전라북도 유림들과 옥천 육씨 경암공파 본손들의 노력에 의해서였다. 1994년에 전라북도 완주군 소양면 신원리에 화산서원을 이전하여 중건한 화산서원은 '소양사(昭陽祠)'라고 적힌 현판이 걸려 있는 사당과 '화산서원(華山書院)'이라는 현판이 걸려 있고, 강당은 정면 4칸, 측면 3칸의 팔작지붕 건물이다. 현재의 화산서원은 이언적을 주벽으로 하고, 송인수와 육대춘을 배향하고 있으며, 매년 음력 3월 22일에 향사를 지내고 있으나 관리가 제대로 되지 않고 있다. 언제쯤 다시 화산서원이 화산동에 세워져 용인에 조광조를 모신 심곡서원이 용인의 자랑거리가 되듯 전주의 자랑할 만한 고적으로 자리 잡을 수 있을까?

화산서원을 지나 예수병원으로 가다가 보면 화산 자락에 선충사(宣忠祠)라는 사당이 있다. 이 사당은 임진왜란 때 이순신 장군을 도와 마지막 전투인 노량해전에서 장렬히 전사한 젊은 장군을 기리기 위한 사당인데, 그가 바로 젊은 나이로 순절한 이영남(李英男) [1571~1598]이다. 이영남 장군은 선조 17년인 1577년에 별시 무과 병과에 급제하여 임진왜란 옥포해전, 한산대첩, 명량해전 등 이순신 장군과 함께 많은 전투에 참가했다. 1598년 가리포첨사(加里捕僉使)로 이순신 장군과 함께 노량해전에서 35세를 일기로 순국했다. 천만 관객이 관람한 영화 "노량"에서는 이영남이 위험에 빠진 이순신을 구하려다가 치명상을 입고 죽게 되는데 이순신이 손수 자기의 갑옷을 벗어 이영남을 덮어주고 갑옷 없이 맨몸으로 싸우다가 전사하는 장면으로 나온다. 그만큼 이영남은 임진왜란 당시 수군의 중요한 인물이었고 혁혁한 공을 세웠다. 그는 흠모하던 이순신 수하에서 온 힘을 다하여 충성하였고 마지막 전투인 노량해전에서 이순신과 함께 장렬하게 전사해서 사람들에게 크고도 높게 각인되었다.

이병초 시인은 선충사를 찾아갔다가 이영남 장군에 대한 이야기를 접하고 이를 소설로 남겼다. 그 이유는 순조 6년인 1806년, 그가 순국한 지 200년이 지난 뒤에 송상열 등 전라도 유생 75명이 상소를 올려 이영남을 기리도록 한 것에 감동을 받았기 때문에 『노량의 바다』라는 소설을 썼다. 1959년에 건립한 충무사 앞 오른쪽 동무(東廡)에는 이영남이 가리포진 56대 첨사였으며, 노량해전에서 이순신 장군과 함께 순국한 이영남(李英男, 1563~1598)의 신위가 같이 모셔져 있다. 국립전주박물관에는 이영남 장군에게 병조판서를 증직(贈職)하면서 내린 교지와 부인에게 함께 내려진 정부인 교지가 국립전주박물관에 소장되어 있다. 이영남은 사후인 선조 38년인 1605년에 절충장군(折衝將軍), 선무원종공신에서 1등으로 추대되었으며, 숙종 때 병조판서에 추증되었다. 1970년에야 이영남 장군의 후손들이 전주시 완산구 중화산동에 선충사(宣忠詞)를 세워 추모하고 있다. 이영남은 위험에 빠진 이순신을 구하다 와키자카 야스하루(脇坂 安治)에게 치명상을 입고 위기에 빠졌다가 구출되어 위의 유언을 남기고 숨을 거둔다. 이순신 장군은 그의 눈을 감겨주며 자신의 갑옷을 벗어 이영남에게 덮어준다. 그리고 갑옷을 입지 않은 채로 싸우다 이영남의 뒤를 따라 전사한다. 2004년 방영된 KBS 드라마 "불멸의 이순신" 마지막 회에서 이영남이 죽어가면서 이순신에게 유언처럼 한 말이 있다.

"제가 가장 두려워했던 분이 누구였는지 아십니까? 바로 장군이셨습니다. 제가 가장 자랑스러워했던 분도 장군이셨습니다. 진정으로 장군을 닮고 싶었습니다."

근대 유산과 옛 활터를 지난다

선충사를 지난 여정은 예수병원을 지난다. 한때 전국적인 명성을 얻었던 예수병원은 1897년 미국 남장로교에서 파송한 여선교사 M. 잉골드가 1898년 11월 여성들을 상대로 외래 진료소를 개원한 것이 시초이다.

1949년부터 의사를 양성하기 시작했고, 1950년에는 간호학교를 설립하여 많은 간호사를 배출했다. 1971년 재단법인 예수병원 유지재단을 설립하고 병원(253병상)을 신축했다. 1982년 오지지역 주민을 위한 부설 의원인 고산분원(10병상)을 설립, 의료 취약지역의 의료 사업과 무의촌 지역에 부설 의원을 설치하는 등 지역사회 보건 사업에 힘썼고, 지금도 전북지역 의료기관의 소임을 다하고 있다.

예수병원 아래에 위치한 학교가 신흥고등학교인데 이 학교는 1900년 9월 미국 남장로교 선교사 레이놀즈(Reynolds, W. D.)가 학원 선교를 위하여 전주에 있는 사택에서 신학문당(新學問堂)을 설립했다. 1937년 일제의 신사 참배 종용에 선교회에서는 이를 거부하기로 결정하고 같은 해 10월 보통과는 전주의 공립학교로, 고등과는 고창군에 있는 고창중학교로 편입시키면서 학교를 폐교했다. 1945년 해방이 된 뒤 1946년 복교 준비를 진행해서 같은 해 11월에 3년제 신흥초급중학교로 인가를 받아 240명의 학생을 선발하고 장로 장평화(張平化)가 교장에 취임했다. 1950년 1년제 전수과를 설치했고, 같은 해 4월「교육법」개정에 의하여 신흥중학교와 분리되어 신흥고등학교로 개편되었으며, 2009년 9월 개교 110주년을 맞이했다.

신흥고등학교에서 도로를 건너자 보이는 건물이 국궁터인 천양정(穿楊亭)

이다. 천양정은 조선시대 전주에서 활동하던 한량들이 활쏘기 연습을 위해 활터에 세운 것이다. 숙종 38년(1712년)에 다가천 서쪽 냇가에 세웠으나 얼마 후 홍수로 떠내려가 버렸다. 그 뒤 경종 2년(1722년)에 다가산 밑에 다가정(多佳亭)이란 정자를 짓고 활터로 사용했다. 순조 30년(1830년)에는 이곳에 또 다른 정자를 세우고 옛 이름을 따서 천양정이라 했다. '천양(穿楊)'이란 뜻은 버들잎을 화살로 꿰뚫는다는 것으로, 신묘한 활 솜씨로 이름 높았던 조선 태조 이성계의 고사에서 유래한 말이다.

"다음의 넷은 돌아오지 않는다. 입 밖에 낸 말. 쏴 버린 화살, 흘러간 세월, 간과해 버린 기회"

금세 사라지는 세상의 이치를 말과, 화살, 세월과 기회라고 논한 오마르 1세의 말인데, 제논은 다음과 같은 말을 남겼다.

"날아가는 화살은 움직이지 않는다."

너무 빠르게 날아가니까 움직이는 것처럼 보이지 않아서 생긴 말일지도 모르겠다. 화살을 잘 쏘기로 소문이 자자했던 조선왕조를 창업한 이성계의 본향인 전주의 천양정에선 지금도 활을 쏘는 궁사들의 화살 당기는 소리가 귓전을 때린다.

천양정이 위치한 곳을 다가공원이라고 부르는데, 한때 이곳에 줄지어 서 있던 영세불망비 대부분이 새로 지은 전라감영으로 옮겨갔다. 그곳에서 단풍나무 우거진 숲길을 천천히 올라가면 다가공원 정상에 이른다. 그 입구에 국문학자이자 시조 시인인 이병기 시인의 시비가 있다.

시조 시인 가람 이병기(1891-1968)는 익산시 여산면 원수리 진사동에서 태어났다. 고향인 사숙에서 한학을 공부했던 그는 신학문의 필요성을 깨닫고 1913년 한성사범학교를 졸업한 후 교편을 잡으면서 국어국문학과 국사에 대한 연구를 시작한다. 또한 시조를 연구하고 짓기 시작한다. 조선어학회 사건으로 1942년 옥고를 치른 그는 해방 후 전북대, 중앙대, 서울대 등에서 후학을 가르쳤다. 자기 스스로 술 복과 제자 복, 화초 복이 있다고 자랑했던 그는 시조 문학을 활짝 꽃 피워 냈고 한중록, 춘향전 등을 발굴하기도 했다. 이곳에는 그의 시 〈시름〉 첫 소절이 새겨져 있다.

그대로 괴로운 숨 지고 이어 가라 하니 좁은 가슴 안에 나날이 돋는 시름 회도는 실꾸리같이 감기기만 하여라

이곳 중앙에 서 있는 탑이 한국전쟁에 출정한 이들을 기리는 호국지사충령비인데, 일제 시대 이 자리엔 일본인들이 세운 신사 참배를 하던 신사가 서 있었다.

용머리 고개와 완산칠봉을 오른다

길은 좁다란 길로 이어지고 엠마오 사랑병원으로 이어지고, 작은 동산을 넘어가면 용머리 고개에 이른다. 이 용머리 고개에는 고려의 장군으로 살수대첩의 영웅 강감찬에 대한 일화가 서려 있다. 강감찬이 전주에서 근무하고 있을

때 가뭄이 몹시 들었다. 하루는 하인을 시켜 지금 막 내를 건너는 초립동이를 잡아오라고 일렀다. 그를 본 강감찬이 '이렇게 가물어도 못 본 체하고 지나가다니,' 하고서 꾸짖으며 '당장 비를 내리게 하지 않으면 참하겠다.'고 불호령을 치자 그 초립동이가 비를 내리게 했다. 그 초립동은 용이 사람으로 변한 것이었다. 죽음을 면하고자 비를 내리게 하고 승천하다가 용이 떨어진 곳이라고 하여 그 고개를 용머리 고개라고 부르고 있다.

천년 고도 전주에서 오래도록 기억되어야 할 역사적 사건 중 하나가 동학농민혁명군의 전주성 입성일 것이다. '사람이 한 울이다' '사람 안에 한 울이 깃들어 있다'는 기치를 내걸고 1894년 요원의 불길처럼 일어났던 동학농민혁명군이 전라도의 수부인 전주에 무혈 입성하였던 장소가 용머리 고개였다.

"초토사 홍계훈은 전주성이 농민군에게 점령된 다음 날 용머리 고개에 도착했다. 경군은 완산, 다가산, 사직단 등 완산칠봉의 주변 산들과 골짜기를 연결하여 진을 쳤고 야영을 용머리 고개 남쪽 산 구릉에 두었다."

그런 역사적 사건을 지켜본 용머리 고개에는 지금도 몇 개의 대장간들이 남아서 낫이나 호미 등 농사일에 필요한 도구들을 만들어 팔고 있다. 용머리 고개에서 능선으로 완만하게 이어지는 산길이 완산칠봉이라고 부르는 완산이다.

"행복은 여기 있다. 자연과 더불어 거닐며, 번잡한 삶의 흉한 모습과 너무 일찍 접촉하지 않은 것에."

영국의 계관 시인 워즈워스의 시 한 소절을 읊조리며 걸으면 좋은 완산칠봉 숲길에는 아름드리 참나무들과 잡목들이 우거져 있다.

"당신은 참나무를 알고 있다. 내가 '삼나무 한 그루'라고 말하면, 그 말 한마디로 당신 안에 그 거대한 나무를 옮겨 놓는 것이다, 삼나무로 내가 당신을 깨웠으니까. 둥지와 가지와 뿌리, 잎사귀로"

생텍쥐페리가 <성채>에서 말하듯, 나도 침묵한 채 서 있는 참나무에게 말을 건네고 걷는 완산칠봉 길, 봉우리, 봉우리 연결된 산길에 금송아지 바위도 잊어서 걷는 재미가 쏠쏠한 길이다.

이 생각 저 생각에 잠겨서 걷다가 보니 완산 칠봉의 정상인 장군봉의 팔각정에 이른다. 전주시 완산구의 연원이 된 완산은 전라북도 전주시의 완산동에 위치한 산으로 해발 높이는 163m이다. 산 전체가 완만한 산세를 지니고 있는 이 산의 가장 높은 봉우리는 팔각정이 있는 장군봉(將軍峰)이며, 동쪽으로 외칠봉이라고 부르는 탄금봉(彈琴峰), 매화봉(梅花峰), 옥녀봉(玉女峰) 등이 이어져 있고, 서쪽으로 내칠봉이라고 부르는 장군봉, 옥여봉, 무학봉, 백운봉, 용두봉 등이 용머리 고개에 인접해 있는데, 이들을 합해서 완산칠봉으로 부르고 있다.

『신증동국여지승람』(전주) 산천조에 "일명 남복산(南福山)이라고도 하는데, 읍을 설치한 후로부터 나무하는 것을 금지했다."고 기록하고 있으며, 『여지도서』(전주)에는 "관아의 남쪽 고덕산(高德山)에서 뻗어 나와 고을의 안산(案山)을 이룬다. 관아의 남쪽 3리에 있다."라고 실려 있는 산이 완산칠봉이다. 산의 정상에는 팔각정(八角亭)이 있고, 완산동에서 팔각정으로 오르는 주변 일대를 완산공원이라 부르고 있으며, 풍수지리상으로는 기러기 형국을 하고 있다.

동학농민혁명의 격전지에서 싸운다

이 산은 동학농민혁명 당시 전주 부성을 점령하여 입성한 동학혁명군과 같은 해 혁명군을 뒤쫓아 온 홍계훈(洪啓薰, ?~1895년)이 이끄는 관군이 대치하여 격전을 벌였던 역사적인 장소이다.

1894년 4월 28일, 낮 경군은 성안에 대포를 시험 삼아 세 번 쏘았고, 농민군 수백 명이 서문과 남문을 열고 완산칠봉에 있는 경군을 향해 싸움을 걸었다. 5월 1일 성안이 조용해지자 초조해진 홍계훈은 '효유문'을 성안에 뿌렸다.

"슬프도다. 너희들은 모두 국가의 적자이거늘 전봉준의 거짓 수작에 속은 바 되어 용서받기 어려운 죄과에 빠졌으니 가엾고 가엾도다. (...)순종하는 자는 죄주지 않는다는 유훈도 있거니와 너희들이 모두 의기를 품고 전명숙을 잡아

바친다면, 곧 상도에 따라 상감에게 고하여 높은 상을 주고, 특히 공을 세우고 속죄한 뜻을 효시하리라.”

겁먹은 농민군은 수십 명씩 성을 빠져나가 도망을 가기도 했다. 5월 2일 경군은 크루프포와 선회포로 성안의 농민군 진지를 맹 포격하였고 그로 인하여 경기전이 부서졌다. 5월 3일 농민군은 며칠간의 침묵을 깨뜨리고 일대 설욕전을 펼친다. 오전 10시경 농민군 수천 명은 남문과 북문을 열고 완산칠봉의 최고봉인 장군봉을 향하여 물밀듯이 치달았다. 황색 종이에 붉은 글로 부적을 써 붙이고 입으로는 끊임없이 “시천주조화정영세불망만사지”라는 동학 주문을 소리 높이 외치며 산정을 향해 올라갔으나 관군의 우수한 화력 앞에 역부족이었다. 이 싸움에서 동학농민군은 많은 사상자를 내었고 용장 김순명과 14세 소년 장사 이복용을 잃고 말았다. 해가 질 무렵 농민군들은 다시 성안으로 후퇴하고 말았다. 3일의 패전으로 농민군들의 내부는 동요되기 시작했고 도망하는 자들이 속출했으며, 지도자의 일부는 홍계훈의 효유문의 꾐에 빠져 전봉준을 잡아 홍계훈에게 바치고 목숨을 빌어보려는 자들도 나타났다. 농민군의 동요를 눈치챈 전봉준은 지휘자 회의에서 6효점을 쳤다. “괘에 나오기를 사흘이 지나 아무 시간에 좋은 소식이 있을 것이니 여러분은 걱정하지 말라. 이미 여러분은 나를 믿고 따랐으니 사지에 들어와서 내 말을 따라 조금만 더 참지 못하겠는가”하며 농민군들의 동요를 잠시 무마시켰다.

그런 역사적 사연을 간직한 완산칠봉에는 동학농민군 전주 입성비와 동학농민군 유골을 모신 녹두관이 세워져 있다.

후백제의 도읍, 전주를 만든다

동학농민혁명보다 훨씬 오래전에 이곳 완산에 커다란 족적을 남긴 사람이 후백제를 창건한 견훤이다.

892년 견훤은 자기 휘하의 병력을 이끌고 지금의 순천과 여수 일대를 시발로 주변 고을들을 하나하나 점령해 갔다. 한 달 사이에 5천여 명의 무리를 모았을 정도로 그는 열렬한 지지를 받았다. 이로 인해 그의 존재는 일약 역사의 전면에 화려하게 등장할 수 있었다. 견훤의 그때 나이는 26세였지만, 실제 거병(擧兵)한 시기는 이보다 3년 빨랐던 23세 때 일로 짐작되는데 그 이유는《삼국유사》에는 견훤이 스스로 왕이라고 칭한 시점을 '용화(龍化: 龍紀의 잘못임) 원년(己酉: 889)이라고 하면서도 경복(景福) 원년 임자(壬子, 892)라는 설도 쓰고 있으나《삼국사기》는 경복 원년설을 취하기 때문에 대체로 이 설을 따른다. 마침내 892년 견훤은 무진주(武珍州, 지금의 광주광역시)를 점령하고 스스로 왕위에 올라 북원에서 세력을 확장하고 있던 양길에게 비장이라는 벼슬을 내렸으며, 900년 완산주(完山州, 지금의 전주성)**에 무혈 입성하여 도읍을 정하게 되었다. 전주성 밖을 나와 열렬히 환호하는 백제 유민을 향하여 견훤은 크게 외쳤다.

"내가 삼국의 시작을 상고해 보니 마한이 먼저 일어난 후에 혁거세(赫居世)가 흥기한 고로 진한과 변한이 이것을 따라서 일어났다. 이때에 백제는 나라를 금마산(金馬山)에서 개국하여 6백여 년이 되었는데, 총장(摠章) 연간(668~669)에 당나라 고종이 신라의 요청에 따라 장군 소정방을 보내어 수군 13만을 거느리고 바다를 건너왔고, 신라의 김유신이 권토(卷土)하여 황산을 지나 사비에 이르러 당나라 군사와 함께 백제를 공격하여 멸망시켰다. 그처럼 비겁한 일이 또 어디 있는가. 나는 지금 감히 도읍을 세우려는 것이 아니라 오직 백제의 사무친 숙분(宿憤)을 풀려 온 것뿐이다." (삼국사기 제 50권 열전 제 10 견훤)

견훤은 나라 이름을 당당하게 백제의 맥을 잇는다는 뜻으로 '백제'라고 선포했다. 후백제란 이름은 후세에 역사가들이 전 백제와 구분하기 위해 지었던 이름일 뿐이다. 그리고 견훤은 '바르게 열고, 바르게 시작하고, 바르게 깨우친다'는 의미가 담긴 정개(正開)라는 연호를 반포했다. 견훤은 비참하게 몰락한 백제 왕조를 부활하기 위해 힘찬 첫발을 내디뎠던 것이며, 도탄에 빠진 민중들을 구원하고 한 세상을 건지겠다는 미륵의 나라 건설을 피력한 것이었다. 그처럼 원대한 목표를 세우고 창건했던 백제는 936년에 고려에 병합되었고, 나라 안에 몇 개 되지 않는 도읍지 중에서도 가장 내세울 것이 없는 도읍지로 남아 있을 뿐이다.

팔각정에서 천년 고도 전주라고 일컫는 전주 시내와 모악산 방향을 망연히 굽어보다가 꽃밭정이 네거리 쪽 능선을 향하여 발길을 옮겼다. 길은 고즈넉하고 그윽하고 문득 새 소리 들린다. 무슨 새일까?

완산칠봉에 터를 잡고 사는 모든 짐승들이나 새들, 그리고 곤충이나 모든 살아 있는 것들이 다 깨달음을 얻기 위해 노래하고 설법을 하는 것인지도 모르겠다. 이런저런 생각에 잠겨서 산길을 한참 내려가자 2코스의 종착점인 꽃밭정이 네거리에 이른다.

전주 평화동의 학산과
옛길 보광재

거리 및 소요 시간 : 6km, 3시간

코스 경로
코오롱 아파트 → 송정 써미트 → 학산 → 탑사 → 흑석골

전문가 : 김현조 (시인, 전주 문인협회 회장)

전일수퍼
전일갑오
견인지역

슬로시티 전주와 문화 관광의 가치

전주를 슬로시티로 관광 상품화하려고 한 적이 있다. 2012년 프랑스 미슐랭 가이드에서 전주 한옥마을을 최고로 평가했고, 세계적인 여행 잡지 《론리 플래닛》이 선정한 '1년 안에 가 봐야 할 아시아의 10대 명소' 중 3위라고 뽑아 미국 CNN 방송은 전 세계적으로 보도하였다. 2016년 문화체육관광부와 한국 관광공사가 '이달에 걷기 좋은 여행길 10곳'에 전주 한옥마을 둘레길 '숨 길'을 선정하여 전국에 소개하였다. 이에 한 해 앞선 2013년에는 한국 관광공사가 조사한 일본 관광객이 가장 가고 싶어 하는 지방 도시 1위로 선정되기도 했다.

전주는 이름만큼 오래된 도시이고 다양한 문화 형태가 쌓여 있는 문화 도시이다. 오래된 도시 전주에는 길이 많고 길마다 지나온 거리만큼 이야기가 길게 이어질 것이다. '전주성' 사대문 중 가장 빈번하게 드나들며 남문을 이용했던 사람들이 지나왔던 보광재 고갯길을 가 보자.

조선 시대 전라 감영이 있던 곳을 중심으로 전주 부성과 사대문이 입지하던 곳에서 남쪽으로 확장되어 편입된 곳 중의 하나가 평화동이다. 전주가 '전통 문화 도시'라는 경관을 가지고 있는 것에서 구도시임을 알 수 있다. 구도시에서 확장된 곳이 평화동이고 평화동 중심이 꽃밭정이 네거리이다. 1957년 완주군 우전면의 석불리, 장천리, 문정리 등이 전주시에 편입되면서 '평화동'이라는 행정명이 공식적으로 사용되기 시작했다. 평화동이라는 지명에는 마을에 평화와 안정이 깃들기를 바라는 순수함과 기원이 스며 있는 이름으로 지역민의 염원이 반영된 것임을 짐작할 수 있다. 평화동은 완산 칠봉 등 산자락과 평야가 어우러진 지형적 특성을 지니고 있다.

꽃밭정이는 평화동 네거리에 큰 꽃밭이 있어서 꽃밭정이라 했다는 설에 대해서 대표적 오류라고 지적한 사람은 고창 군수를 지낸 유기상이다. 그는 "꽃 이름이 들어간 지명들은 살기 좋은 터라는 '매화 낙지', '도화 낙지', '모란 반개', '연화 부수', '연화 도수', '작약 반개', '작약 미발형' 등 풍수 형국을 따서 지은 지명이다. 이 땅 이름에는 후손들이 자자손손 꽃향기처럼 세상에 선한 영향력을 끼치는 귀한 인물이 되고, 무성한 열매처럼 자손이 번성하길 기원하는 간절한 비나리 기도가 담긴 지명인 것이다."라고 꽃밭정이 이름에 대한 유래를 글로 설명하였다.

전주는 완산구와 덕진구로 나누어져 있는데, '완산'이라는 이름은 백제 시대에 전주를 나타내는 지명인 완산(完山)을 구의 명칭으로 사용하고 있다. 이 지명에 대해 《신증동국여지승람》은 "부의 이름은 이 산 이름에서 딴 것이다."라는 기록이 있는 것으로 보아 완산 칠봉에서 유래한 것으로 보고 있다. 전주성 밖에 일곱 봉우리가 솟은 산을 완산 칠봉이라고 하고 그 산 끝자락 아래에 꽃밭정이로 이어지고 있다.

꽃밭정이 네거리에서 건너다보이는 산이 학산이다. 꽃밭정이와 학산 사이에 평화동이 형성되어 있고 지금은 번화가가 되었지만, 이 일대가 뽕나무밭이었다고 한다. 전주에서 나고 자란 이병초 시인은 이 일대 뽕나무밭을 기억하며 질펀한 시를 창작하였는데, 시인 나이를 역산하면 그리 오래전 일이 아니다. 즉 전주가 현대 도시로 확장하면서 뽕나무밭이 사라지고 그 자리에 평화동 번화가가 자리하게 되었다.

이병초 시인의 시 「야 이 호박씨덜아, 내 고구마 좀 쩌도랑게」의 한 구절이다.

공장에서 일 끝낸 형들, 누님들이 둘씩 셋씩 짝을 지어 학산 뽕나무밭을 지나가고 있었습니다. 창수 형이 느닷없이 앞에다 대고 "야 이년덜아, 내 고구마 좀 쩌도라!" 하고 고함을 질러댑니다. 깔깔대던 누님들 웃음소리가 딱 그칩니다. 옥근이 형 민석이 형도 "내 껏도 쩌도라, 내 껏도 좀 쩌도라" 킬킬대고 그러거나 말거나 누님들은 다시 깔깔대기 시작합니다

"야 이 호박씨덜아, 내 고구마 좀 쩌도랑게!" 금방 쫓아갈 듯이 창수 형이 다시 목가래톳을 세우며 우두두두두 발걸음 빨라지는 소리를 냅니다. 또동또동한 누님 하나가 획 돌아서서 "니미 솥으다 쩌라, 니미 솥으다 쩌랴" 이러고는 까르르 저만치 달아납니다. 초저녁 별들은 그러거나 말거나 반짝반짝 반짝이고만 있었습니다.

지금은 평화동 지역 사람들이 터를 잡은 명소인데, 오십 년 전만 해도 뽕밭이 있었던 곳으로 청춘남녀 사이에 제법 그럴싸한 일이 일어날 수도 있는 좀 으

슥하고 낭만이 있던 곳이었나 보다. 야담집《고금소총》에나 등장할 법한 전라도 해학을 담아서 시로 풀어낸 시인은 전주에서 나서 자라며 과거의 학산 밑 평화동 지역에 있었던 일을 기억하였으리라. 육담이라고 하나 시대의 으뭉함과 구수한 청춘들의 정서가 녹아 있어 정겹다. 걸쭉한 육담을 주고받았던 그 시대 청춘들도 이제는 백발이 되었으리라.

이런 생각을 하면서 코오롱 아파트를 지나 평화 도서관을 기점으로 학산 정상으로 가는 길은 출발하는 지점에 따라 분화되어 출발지가 많지만 결국 정상에서 만나고 다시 갈라진다. 도시에 인접한 산은 도시 사람들 산책길로 신심을 단련해 주고 있으니 매우 고마운 존재이다.

보광재가 있는 학산

학산은 전북특별자치도 완주군에 위치한 호남 정맥인 고덕산(603.2m)에

서 분기되어 북쪽으로 뻗어 나간 산줄기에 위치한다. 전주시의 동남쪽을 지키는 수호신 역할을 한다. 고덕산 줄기를 따라 남고산(273m)이 이어받은 학산(360m)은 전주시 완산구 평화동, 서학동과 완주군 구이면 광곡리, 평촌리에 걸쳐 있다.

학산은 산이 낮고 길지 않아서 첫걸음은 달라도 군데군데 만나는 지점이 있고 다시 분화되어 갈래별로 나뉘어 있어 여유 있게 산행이나 산책을 즐길 수 있다. 그러나 정상에서는 어느 길에서 올라오든 만나게 된다. 또 학산을 상징하는 보광재와 보광정은 만남의 장소로 활용되고, 여기서 각자 하산 목적지에 따라 흩어진다. 길은 특성상 만나고 흩어지기를 반복하는데, 산길은 더 많은 변화가 있다. 학산 다음으로는 금성산(330m)으로 이어지고 다시 모악산으로 연결된다.

학산의 식생은 리기다소나무를 식재한 인공림과 졸참나무 자연림이 많은 비중을 차지하고 있다. 소나무, 은수원사시나무, 병꽃나무 등 94종과 339종이 분

포하고 있다. 또한, 멸종 위기 식물인 태백 제비꽃도 확인된 바 있다고 안내 표시판이 세워져 있다. 학산 일대에 출현하는 동물로는 고라니, 멧돼지, 두더지, 멧토끼 등 9종의 포유류, 딱따구리, 직박구리 등 23종의 조류, 도룡뇽과 두꺼비 등 10여 종의 양서류가 서식하고 있으며, 특히 우리나라 고유종이며 천연기념물로 지정 보호되고 있는 하늘 다람쥐가 출현하기도 하였다고 친절하게 안내판을 세워두었다. 잠깐 걸음을 멈추고 오던 길 아무 곳이나 자리 잡고 앉아 있으면 다람쥐가 찾아와 호기심으로 고개를 둘레둘레 하며 바라본다. 또 잠시 후에는 온 산의 정적을 깨고 딱따구리의 힘찬 작업 소리가 산을 흔든다.

학이 없는 학산, 그리고 학소암

대체로 지명은 연유한 기원이 있는 법인데, 딱 부러진 유래가 없는 게 학산이다. 학산은 학과 관린하여 이름이 지이졌을 거라고 짐작하면서도 학과 관련

된 설화조차 찾지 못했다. 다만 학산 중턱에 학소암이 자리 잡고 있는데, "학의 둥지를 연상케 하여 학소암이란 이름이 붙여진 듯하다"는 안내판이 있다.

학은 상서로운 동물로 장수와 지혜를 상징하는 존재로 우리 민족과도 친숙하다. 학은 신성함과 순수, 고고함, 백의민족 등을 의미한다. 만약 꿈에서 학이 평화롭게 날아다닌다면 이는 외적 환경이 나를 지지하려고 있음을 나타내며 나의 내면에서도 긍정적인 느낌을 갖고 있다는 것을 뜻한다. 이러한 상징적 의미를 이해하는 것은 자신이 삶에 대한 통찰력을 높이는 데 도움이 된다. 운과 행운의 징조로서의 학에 대한 꿈은 종종 행운과 관련된 징조로 해석된다. 전통적으로 학은 행복과 번영을 가져온다고 여겨지며 꿈속에서 학이 나타날 경우 이는 좋은 기회가 도래할 징후로 여겨진다고 하니 학꿈을 자주 꿀 일이다.

학소암(鶴巢庵)은 조선 정조 10년(1786년)에 광혜(廣惠) 스님이 창건했으며, 경내에는 자음전(慈蔭殿)과 극락전(極樂殿)이 있다. 19세기 중엽 다시 세운 자음전에는 나무로 만든 부처를 가운데 모시고 그 좌우에는 돌로 만든 보살이 있으며, 6점의 불교 관련 그림이 있다. 최근 건립한 극락전에는 극락 세계의 부처인 아미타여래를 나무로 만들어 모셔 두고 있다. 이 암자는 고덕산 서쪽 산기슭에 아담하게 자리 잡고 있는데, 1984년 4월 1일 전라북도의 문화재자료 제3호로 지정되었다.

학소암은 종교적 역할뿐만 아니라 등산객이나 산책하는 사람들의 이정표로 중요하다. 학소암에서 바라보는 꽃밭정이 아랫마을이 정겨웠었는데, 산 아래까지 아파트가 지어지면서 그 풍경이 사라졌다. 학소암을 오른쪽으로 돌아가면 곧바로 정상으로 향하는 길로 이어지고, 학소암 아래에서 왼쪽으로 돌아가면 맨발 걷기를 할 수 있도록 조성해 놓은 길을 만나게 된다. 이 길은 평범한 산책길이었는데, 주민들이 많이 찾고, 맨발 걷기가 유행을 타자 완산구에서 주민 편의를 위해 맨발 걷기 길로 조성하였다. 그 중간에는 맨발 걷기 길이 닦이기 전에 돌탑을 맨 먼저 쌓아놓고 소망탑이라고 불렀던 무너진 탑을 볼 수 있다. 이 탑을 쌓은 사람은 종교를 위해 탑을 쌓은 것이 아니고 자신의 건강에 대한 소망과 정성을 담은 것인데, 이것을 본 사람은 종교로 해석하고 자신의 종교 외에 배척하는 공격성을 보였으니 좋은 모습은 아니다. 벌써 25년 전 일로 필자가 목격한 일이다. 학소암에서 아래 왼편으로 돌아가면 맨발 걷기 길이 나오고 그 길로 산책하는 사람이 많다. 리기다소나무 숲을 느리게 걸어가면 중간에 이정표가 있고, 오른쪽으로 가면 산 정상으로 향하고, 직진하면 흑석골과 탑사로 이어진다. 산을 좋아하는 사람에게는 이정표가 있는 곳에서 오른쪽 가파른 길로 올라가라고 권하고 싶다. 그 봉우리 끝에는 나무 의자 하나가 놓여져 있는데, 전주시 완산구를 조망하기 좋은 장소로 탁 트인 명당자리다. 가파르게 올라오느라 맺힌 땀을 식히면서 전주 시경을 보는 재미가 있다.

정상으로 향하는 길과 보광재

길이 끝나는 곳에서도
길이 있다. 길이 끝나는 곳에서도
길이 되는 사람이 있다.

-정호승 시인의 「봄길」 중에서

　땀이 식는 동안 떠오르는 시가 있다면 자신을 위한 아름다운 추억이 있는 사람일 것이다. 다시 오던 길을 향해 오르면 옥녀봉에 이른다. 여기에서는 작은 돌무더기를 만나게 되는데, 등산객들이 오며 가며 돌을 던져 놓아서 성황당처럼 보인다. 여기는 의자가 3개 놓여 있지만 아래 쉼터와 정경이 다르다. 돌무더기를 돌아서 발걸음을 재촉하면 다시 봉우리가 있는데, 산불 감시 초소를 만나게 된다. 여기서 학산 정상을 향해 가도 되고 왼쪽으로 돌아가면 보광재로 향한다. 정상으로 간 사람도 내려올 땐 보광재로 돌아오는데, 보광재는 만남의 장소와 같다. 보광재에서 직진하면 남고산이나 고덕산으로 향하기도 하고 오른쪽으로 내려가서 완주군 평촌으로 내려갈 수 있다. 대부분 전주시 평화동과 서학동 주민들이 이용하는 산책로인 만큼 그들은 각자 왔던 길로 다시 내려간다. 마치 정다운 이웃처럼 만나서 인사를 나누고 헤어지는 곳이 보광재에 세워진 보광정이다.

송정 써미트 아파트 입구가 이정표 노릇을 한다. 왼쪽으로 가면 학소암으로 곧장 가는 길이고, 오른쪽으로 돌아가면 낭만적인 산책길로 이어진다. 즉, 평화 도서관 → 송정 써미트 아파트 → 만내재 → 학산 숲속 시집 도서관 → 야호 학산 유아 숲 체험원 → 이정표 → 학산 정상 → 보광재와 보광정 → 약수터 → 보광재 계곡 → 체력 단련장 → 탑사지 → 돌무더기와 탑들 → 체련장 → 맨발 걷기 길 → 학소암 → 학소재 → 평화 지구대 → 평화 도서관으로 하산한다. 이 길을 따라가다 보면 전주 옛길 보광재를 만나게 된다.

학산에는 평화동을 중심으로 할 경우 직지제, 지곡제, 만내제, 학소제 등 작은 둠벙이 있다. 둠벙마다 수생 생물이 강한 생명력을 이어오고 있어 곤충의 아지트다. 학산 골짜기에서 내려온 물들이 각 둠벙마다 모여서 아랫마을로 내려가서 삼천천에 합류한다.

송정 써미트 아파트를 지나면 만내재를 먼저 만나고 산책길을 따라 조금 더 가면 학산 숲속 시집 도서관을 만나게 된다. 시인에게는 이유 없이 반가운 도서관이다. 전국에서 유명한 시인의 시집이 빼곡하게 꽂혀 독자의 간택을 기다리고 있다. 시집은 시인의 것이 아니다. 모든 책은 저자가 있고 주인이라고 하는 소장자가 있지만, 그 내용에서 영감을 얻는 것은 독자의 몫이다. 시집 도서관은 전주시에서 마련한 것이지만 그 시집을 읽는 사람은 시민이고, 거기에 진열된 시들은 시인의 것이 아닌 독자의 것이다. 평화동 주민이든 전주 시민이든 시의 주인공이 되어 보기를 권장하는 이유이다.

시집 도서관 뒤쪽으로는 야호 학산 유아 숲 체험원이 자리하고 있어 봄부터 귀여운 아이들이 선생님과 찾아오는 소중한 장소이다. 여기를 지나면 본격적으로 학산 정상으로 향하게 된다. 계곡을 따라 올라가기 때문에 그리 가파르지 않지만 숨은 차오르고 땀이 나는 것은 산이 가르쳐 주는 교훈일 것이다. 중턱을 지나면 자세히 보아야 알 수 있는데, 길 옆으로 물이 고여 있는 작은 소를 찾을 수 있는데, 거기에 고인 물이 계곡을 이루어 맏내재로 흘러들었다가 삼천천에 합류한다.

정상으로 가는 길은 이정표가 곳곳에서 알려주고 있어 길 잃을 일은 없다. 중간중간에 갑자기 나타나는 작은 봉우리가 당황스럽지만 낮은 산이라서 급경사라도 조금만 힘을 쓰면 곧장 올라챈다. 두세 번 힘을 쓰고 나면 어느새 정상에 도달한다. 정상에 왔다는 감동은 낮은 산이라도 벅차오른다. 정상에서는 맞은편 멀리 모악산이 보이고 반대편 멀리 고덕산 봉우리가 힘차게 솟아 있다. 가까운 금성산도 한달음에 갈 것 같다. 산 아래에는 평촌 들판이 보이고 마을에서 개 짖는 소리도 들린다.

정상에는 편안하게 조망할 수 있도록 바닥에 나무를 깔아 놓았다. 정상은 마치 분화구처럼 생긴 구덩이였고 직경이 10여 미터 정도 되었다. 구덩이는 낮아서 둘레를 돌아가면서 조망하였는데, 누구의 생각인지 분화구 자리를 모두 나무로 덮어 버렸다. 오로지 편리성만을 생각하고 저지른 일이다. 운치도 없고, 정상이라고는 푯말뿐이라서 개운치 않은 정상이 되었다. 학산 정상을 덮어 버린 것은 아쉬움으로 남는다. 학산 정기가 뿜어져서 아랫마을로 내려올 수 있는 것을 막아 버린 꼴이라는 생각이 들었다. 정상에 서면 하산밖에 달리 길이 없다. 어느 방향이든 하산은 피할 수 없는 수순이다. 더 따져 무엇하겠는가? 산에서 배우는 지혜인 셈이다.

보광재 고갯길에서 흑석골

지금까지는 학산을 산책하는 길에 대해서 알아보았다. 이제는 전주 미래 유산 제39호인 보광재 옛길에 대해서 구체적으로 뇌력하고자 한다. 이 고갯길은

전주와 완주군 구이 상하보·평촌을 연결하는 중요한 고갯길로, 임실 신덕으로 향하는 불재까지 연결된 교통로였다. 수많은 사람이 땔감과 채소를 지고 고개 넘어 남부 시장 싸전 인근에서 물건을 팔기도 했고, 전주로 학교를 다니는 학생들의 통학길이 되기도 했으며 도회지로 나가는 길이었다고 증언하는 사람들에 의하면 1970년대까지 이 길을 이용했다고 한다. 주로 구이 쪽에서 전주로 오는 발길이 많았지만, 조선 시대에는 고갯길 너머에 보광사라는 큰 절이 있어 전주 사람들이 불공을 드리러 넘어갔던 길이다. 이 고갯길을 넘어가야 백제 시대에 지어진 화엄 도량 보광사에 갈 수 있었다. 고갯마루에는 잠시 숨을 돌리며 소원을 빌던 성황당이 있었는데 지금은 보광정이란 정자가 길손들에게 쉼터로 제공하고 있다. 사람들은 이 정자에 앉아 서로 정담을 나누고 산행길에 대한 정보도 교환한다. 과거에는 등짐을 지고 넘어온 고개를 다시 넘어갈 때는 식구들이 필요한 살림살이 재료를 샀을 것이고, 아이들의 선물과 부인에게 선사할 물건을 사서 귀가할 때 이 고갯길은 행복한 고개였을 것이다.

보광재는 다른 말로 화객도(華客道)라고도 불리었다. 꽃같이 반가운 손님이

나 귀한 손님이 오는 길이라는 뜻이다. 이 길로 넘나드는 사람 중에 귀한 사람이 섞여 있을 수 있겠으나, 이 고개를 무탈하게 넘어온 사람은 누구에게나 귀한 손님이 아니었을까 생각해 본다. 물건을 거래하면서 소통하고 정보가 전달되었기 때문에 꽃과 같이 반가웠을 것이다.

다른 하나는 복항재(伏沆帖)라고 했는데, 풍수학에서 보면 이 고갯마루는 호랑이가 엎드려 있고 물이 흐르는 형상이라는 데서 연유하였다. 시암골에 약수가 솟아난 것과 무관하지 않다. 호랑이와 약수물과 아낙으로 이루어진 약수터에 대한 구전 설화가 산의 형상에서 생겨난 것이라면, 고개 이름은 어떤 연유로 연결되었을까?

보광재를 중심으로 동으로 가면 고덕산이요, 서쪽으로 가면 학산, 남쪽으로 가면 평촌이요, 북쪽으로 가면 흑석골이라는 동서남북 길 안내판도 서 있는 네거리다. 이 고갯길은 수백 년이 아니라 이천 년은 족히 넘나들었던 고개다. 백제 사람들이 보광사에 불공 드리러 다녔던 산사 가는 길이었고, 전주 장을 보러 넘어온 길이다. 어쩌면 백제보다 더 마한 시대 사람들도 넘나들었을 것이라고 추측해 본다. 보광재는 해발 280m로 기린봉(271m), 남고산(273m)보다 더 높고 고갯마루에는 옹기를 지게에 짊어진 사람들 사진이 안내판에 판화처럼 붙어 있다.

영조 연간인 1757년~1765년에 편찬한 『여지도서』에 "보광사는 관아의 동남쪽 10리 고덕산에 있었는데, 지금은 못 쓰게 되었다.", "평촌리에는 보광사 이름을 딴 보광 서원이 있고 보광사 터와 멀지 않다."라고 기록되어 있다.

보광재 고갯길은 나무 숲으로 이어져서 간단한 산행길로도 좋고, 천천히 올라서는 산책길로도 좋다. 계절마다 옷을 갈아입는 산이지만 계절마다 새롭게 단장하는 길에서 물소리, 새소리를 들으며 다정하게 걸을 수 있는 아름다운 옛 고갯길이다. 지게 대신 간단한 배낭에 소풍 온 듯 먹거리를 가져와서 보광정에서 전주 시내를 내려다보며 땀을 식히는 것도 재미나게 살아가는 방법이다.

산이 높지 않고 골짜기가 깊은 것은 아니었지만 고덕산 줄기인지라 평탄할 산길은 아니었다. 이 고개를 넘기 위해서는 땀 세 말은 흘려야 한다는 말이 있을 정도로 짐을 진 사람에게는 가파르기도 하고 제법 긴 고개였다. 특히 골짜기를 넘나들 때 땀을 흘렸으니 갈증이 심하게 나기 마련이었다. 옛날, 평촌에 사는 한 아낙은 농사지은 것을 이 고개를 넘어 전주 남부 시장에 내다 팔며 집안을 꾸려가고 있었다. 머리에 인 채소와 곡식의 무게는 고개의 높이보다 더 무겁게 느끼곤 했다. 고갯마루에 올랐을 때 바람이 불어오면 그나마 땀을 훔치며 피로를 달래기도 했다. 사람들이 고개를 넘나들 때마다 물이 없어 갈증을 느끼는 것은 마찬가지였다.

보광사를 지나 고개를 넘어오면 갈증이 심했다. 흑석골 방향으로 내려가다 보면 중간에 작은 암자인 탑사가 있었다. 간혹 들러 부처님께 간단히 예경하고 지친 심신을 다독여 길을 재촉하곤 했다. 하루는 스님께서 말하길 이 고개를 오고 갈 때 그냥 다니지 말고 소원을 빌며 염불하라고 말씀하셨다. 당장은 힘들어도 간절한 소원은 반드시 이루어진다고 확신까지 주었다. 기도하는 방법도 알려 주었는데, 이웃에게 숟가락 하나 올려 같이 밥을 나누어 먹듯 나보다는 다른 사람도 생각하며 작은 정성이라도 나누면 반드시 복이 되는 공덕을 짓게 된다는 것이었다. 그때부터 마음속으로 '부처님 기왕 도와주실 거라면 고갯길에 사람들 갈증을 해소시켜줄 옹달샘 하나 점지해 주세요'하고 기도하기 시작했다. 고갯길을 넘나들 때마다 같은 기도를 반복하였다.

아낙이 하루는 가져온 물건을 마저 팔고 가느라고 시장에서 조금 늦게 출발해서 발걸음을 재촉하고 있었다. 고개가 바라다보이는 곳에서 한달음에 올라설 즈음 갑자기 호랑이가 나타나서 아낙을 내려다보았다. 아낙은 너무 놀라 자빠졌으나, 정신을 차리고 호랑이에게 엎드려 빌었다. '제발 살려주십시오. 집에는 자식들이 기다리고 있으니 바삐 가서 밥을 해 먹여야 합니다'라고 빌고 또 빌었다. 주위가 조용해져서 고개를 들어보니 호랑이는 사라지고 없었다. 아낙

이 자리에서 일어나서 집으로 돌아가고자 하였는데, 속옷까지 다 젖어 있었다. 처음에는 자신이 너무 놀라서 오줌을 저렸다고 생각했으나 옷 주변이 축축해서 발아래를 보니 자신이 엎드려 있던 자리에 물기가 있었다. 아낙이 손으로 땅을 조금 팠더니 그곳에서 물이 조금씩 배어 나오고 있었다.

아낙은 땅을 더 넓게 파서 물이 고이게 하였다. 산 중턱에 물이 나오다니 참으로 신기한 일이다. '호랑이가 갑자기 나타났다 사라진 것은 보광재를 넘나들며 수고하는 사람들에게 갈증을 해소시켜 주기 위해 부처님이 산신령을 시켜 샘을 점지해 주셨구나' 생각하고 옹달샘으로 만들었다. 이때부터 이 샘은 지나가는 길손들의 갈증을 해소시켜 주었고 허기도 달래주었으며 때로는 약수가 되어 병이 나아지게 하였다는 설화가 현재까지 전해온다. 지금은 지명도 사라졌지만, 여기부터 '시암골'이라고 하였으며 민가도 여러 채가 있었다고 전해 온다.

보광교를 건너면 4개의 다리가 중간중간에 있어 흑식골 아래까지 이어진다.

탑사지와 체련 공원

약수터를 한참 내려와 흑석골로 이어지는 길가에 탑사라는 간판이 있다. 그러나 어디에도 탑사는 없다. 이정표를 따라가면 완산 중학교나 학소암, 출발했던 평화 도서관으로 갈 수 있다. 흑석골이 하산길 목적지가 아니라면 이 길로 하산길을 잡으면 소나무 숲길로 이어진 아름다운 길을 만날 수 있다. 다만 탑사지로 추정되는 곳에 운동 기구들이 늘어서서 이 지역 사람들이 체력 단련을 하는 데 좋은 장소로 활용하고 있다.

평화동은 완주군 우전면 마을 몇 개가 전주시로 편입되면서 기존 마을 이름은 사라졌다. 그중에 하나가 석불리이다. 석불리는 돌 부처 마을이라는 것이니. 과거에는 이 지역에 불교와 관련된 사찰이 있었을 것으로 추정한다. 재 너머 보광사가 큰 절이었다면 산중에 작은 암자들이 있게 마련인데, 그중에 하나였을 것이다. 지금까지 학산 자락에 몇 개의 암자가 존재하는 것으로도 짐작할 수 있다. 가장 중요한 소망 중에 건강은 빠질 수 없는 것인데, 시민의 건강 단련을 위해 절까지 내놓았다니, 여기에 살았던 부처님이나 스님은 대단한 자비심과 배짱과 영험을 지녔다고 중얼거려 본다. 이 자리가 탑사 터였다고 짐작하는 것은 체력 단련장 위로 축대가 있고 주변에도 돌로 쌓은 축대가 이어져 있다. 지금은 흔적이라곤 그것뿐이지만 보광재를 넘나드는 길가에 위치한 것도 타당한 이유가 될 수 있겠다. 아랫마을 연세 높은 사람들에게 물어보니 예전부터 자기들도 전해 오는 말만 들었지 암자를 본 적은 없다고 한다. 아마 이 작은 암자도 보광사가 폐찰이 되었을 때 사라졌을 것이다.

간절한 소망으로 이루어진 소원탑

체력 단련장에서 조금 더 가면 왼쪽으로 산 경사면에 돌들이 무너져 있다. 길가에 나무들이 자라서 시야를 가리지만 겨울에는 단번에 보이기도 한다. 어떤 산에 가면 산의 경사면에 돌들이 쌓여 있는 것을 볼 수 있는데, 밀양시 만어사가 대표적이다. 산 경사면을 채운 돌들은 어디서 가져다 놓은 것처럼 여겨질

수 있으나 지각 변동으로 인해 땅에서 솟아 흘려내린 것이 대부분이다. 만어사는 돌들이 두드리면 종소리가 나고 풍화 작용으로 표면이 부드럽게 깎인 것이 있어 불교적 설화가 현재까지 전해져 오고 있다.

그러나 학산 한 면을 차지한 돌무더기는 전설도 없고 돌 단면이 날카롭게 각이 져 있어 풍화 작용과는 차이가 있다. 작은 돌들과 눈 비 맞아 색이 변한 모습으로 널브러져 있다. 그 옆으로 길이 닦여 있어 능선과 능선을 이어주지만 사람들 눈길이 가지 않아 지나치기 쉬운 곳이다.

맨발 걷기 길가에 소망탑과 평화탑이 무너진 뒤, 돌무더기 산자락에 탑을 쌓는 노인이 발견되었다. 필자도 본 적이 있는데, 당시에도 70은 되어 보였다. 인사를 건네도 건성으로 고개만 끄덕일 뿐 말없이 돌을 날랐다. 그때는 작은 탑 몇이 세워져 있었다. 그러다 며칠 후에 가 보면 평평한 탑 자리가 마련되어 있었고, 혼자서 돌을 나르다가 쉬는 모습을 보곤 했다. 어느 날에는 한 개의 큰 돌탑을 보게 되었다. 그 이후로 다른 길로 다니다가 다시 가 보면 또 하나의 돌탑

이 세워져 있었다. 돌탑을 세운 분은 어떤 생각으로 탑들을 쌓았는지 모르지만 대단한 정성과 인내력이 필요한 작업을 완성하였다. 돌만 쌓인 산비탈이라 경사도 만만치 않고 길도 없었다. 그 자리에 돌탑을 세운다는 것은 대단한 노역이 아닐 수 없다. 조선 시대에는 성을 쌓다 죽은 사람이 있었다. 그래서 오살이라는 욕으로도 지금까지 불명예스럽게 전해져 오고 있으며, 노역 중에 노역이었다. 돌들은 작은 것이라도 무게가 감당하기 어렵고, 모든 것을 손으로 날라야 하기 때문에 소망하는 원력이 대단하다고 밖에 표현할 방법이 없다. 지금은 30여 개의 돌탑이 있는데. 큰 것은 3미터쯤 되어 보이는 것부터 2미터 이상 되는 탑이 8기가 있고, 모양도 각양각색이다.

이번에 그 자리에 가 보니, 아직도 평상이 그대로이고, 라디오와 수건을 걸었던 나뭇가지도 그대로였다. 특히 평상 주변에는 깨끗하게 청소가 되어 있었고, 빗자루는 낡아져 있었다. 특별한 것은 유선 전화기가 놓여 있었는데 선이 잘려 있었다. 과거에는 여기까지 전화선이 연결되었다는 것인지 궁금하였지만, 현재는 선이 절단되어 있었다. 마치 돌탑을 쌓던 노인과의 단절 같았다. 세월이 돌탑처럼 쌓이는 동안 노인도 늙음이 쌓여서 더는 탑을 쌓을 수 없는 지경이 되었는지, 상당 기간 발길이 닿지 않았다는 것을 알 수 있었다. 그 사람의 안부가 당연히 궁금하였지만, 그분이 잠깐 쉴 때 앉았던 평상에 걸터앉았더니 산 아래 전주시내 전경이 한눈에 들어온다. 지금은 돌탑군을 알리는 소원탑 표시판이 세워져 있을 정도로 명물이 되었으니 돌탑을 쌓던 그분 체취가 돌탑 이끼에 남아서 같이 있는 듯하다. 시간 앞에 변하지 않는 것은 없다. 불가에서는 영원한 것은 없다는 가르침을 강조하였는데, 돌탑은 얼마 동안 저 자리를 지킬 수 있을까. 탑들이 모여 있으니 과거 탑사였다는 흔적이 되어 줄 수 있다는 가당치 않은 생각이 이어진다.

흑석골에서 보광재 지나
남고산성으로 이어진 길

거리 및 소요 시간 : 8km, 4시간

코스 경로
흑석골 → 보광재 → 고덕산 자락 경복사지 → 관성묘 → 남고산성 (순환)

전문가 : 전성수 (여행작가)

보광재, 잊힌 한지골의 옛길

　가끔은 사람들 속에서 벗어나고 싶을 때가 있다. 혼자서 아무런 생각 없이 자연 속에 머물고 싶을 때다. 전주시 흑석골에서 완주군 구이면 평촌리로 넘어가는 보광재 옛길이 바로 그런 곳이다. 보광재는 전주에서 가장 오래된 고갯길이다. 고려 말의 문장가인 이규보, 이인로, 가정 이곡 등 수많은 역사 인물들이 걸어갔던 이 길은 지금도 깊은 산중처럼 숲이 울창하고 아스라하다.

　《한국 지명 총람》에 '죽은 소를 닮았다'고 소개한 흑석골에서 보광재 가는 길을 걸었다. 이 흑석골에서 많이 생산되었던 '전주 한지'는 조선 시대 교지와 과거지, 외교 문서 등으로 쓰인 종이 계의 최고봉이었다. 조선 후기에는 전북 지역에서 출판된 완판본의 원자재로 이름을 날렸다. 예로부터 '한지골'로 불렸을 만큼 전주 한지의 대표적 생산지가 될 수 있었던 것은 흑석골 계곡에서 흘러나오는 물이 풍부했기 때문이다. 이 일대에는 전통 한지 공장이 30여 곳 넘게 있었고 전국적으로 명성을 날렸다. 하지만 1990년대부터 값싼 중국 선지가 들어오면서 급속도로 사양길로 접어들었다.

한지를 일본에서는 화지(和紙)라고 부른다. 조선 시대에는 1415년에 조지소(造紙所)라는 관아가 설치되어 한지의 생산을 장려하였고, 조선 후기에 이르러 지소청(紙所廳)을 비장(卑將)이 한지의 제조에 관한 업무를 관장하였다.

한지의 품질은 크게 백지(白紙), 장지(壯紙), 각지(角紙)의 세 종류로 나뉜다. 이를 세분하면 창호지, 유삼지, 공물지, 사고지, 외장지(전주 특산), 영창지(전주 특산), 농선지(전주 특산), 완산지(전주 특산), 임모지, 대각지, 소별지, 자문지, 산내지 등이 있다. 이를 염색하여 사용한 것으로 홍화염지, 천근염지, 자초염지, 감염지, 지자염지와 전주 특산품인 청태지(靑苔紙)가 있다. 한지는 용도에 따라 그 질과 호칭이 다르다. 문에 바르면 창호지, 족보, 불경 고서의 영인(影印)에 쓰이면 복사지, 사군자나 화조(花鳥)를 치면 화선지, 연하장 청첩장으로 쓰는 솜털이 일고 이끼가 박힌 것을 태지라고 한다.

전북 완주군 소양면에 있는 송광사를 선조 41년(1608년) 벽암대사가 중건하면서 온돌방용 먹시를 부판(副版)하는 방법을 개발한 것이 이 지방 한지(장판지)의 시초였다고 한다. 그 후 조정에서 전주에 조지서를 설치하고 왕실용 장판지와 병정들의 야외에서 천막으로 쓸 수 있는 유둔지(油屯紙)를 생산했다고 한다.

전주에서 한겨울을 지냈던 매월당 김시습이 그 당시 금강전이라고 부르던 전주 한지에 대해 한 편의 글을 남겼다. 금강전(錦江牋) 즉 전주의 종이이다.

"금강의 봄물에 어전(魚牋)이 윤색나니 (錦江春水賦魚牋) 한가롭게 새 시 지어 몇 편을 쓰는구나. (閑製新詩寫數篇) 큰 붓 한번 휘두르자 뇌우(雷雨)가 움직이듯 (鋸筆一揮雷雨動) 흰 구름 무더기 속에 용이 살아 꿈틀대네. (白雲堆活龍翻)"

잊혀진 듯 하던 전주의 전통 한지가 올해부터 흑석골에서 다시 생산되기 시작했다. 전주 한지의 원형을 보존하고 한지의 세계화를 이끌기 위한 생산 시설인 '전주 천년 한지관'이 개관하면서다. 오랜 인류의 역사 속에서 변하지 않는 것, 그것은 모든 만물이 변한다는 사실이다. 만물이 가고 오는 우주의 이치 속에서 변하고 또 변하는 사물의 모습같이 흑석골은 새로운 변화의 물결에 접어든 것이다.

푸르던 녹음이 점차 사위어 가는 길, 물봉선 꽃이 무리를 지어 피었다. 졸졸 흐르는 시냇물 소리에 행여 가재가 있을까 싶어 돌멩이를 들췄지만 보이지 않았다. 돌 하나만 들춰도 전라도 말로 오개오개 또는 고물고물 모여 있기도 하고, 느닷없는 불청객에 놀라 잰걸음으로 도망치기도 하던, 그 많던 가재는 어디로 갔을까? 울창한 나무 숲을 헤치며 서서히 오르다 보니 작은 샘이 보인다. 물 한 모금 마시고 올라가자 금세 보광재에 닿는다.

불과 몇십 년 전만 해도 수많은 사람들이 임실에서 전주로 장 보러 넘나들던 길. 평촌 사람들이 땔나무를 팔기 위해 넘었던 길. 중고등학생들이 전주에 있는 학교로 오가던 길이다. 길은 변함없는데 걷는 사람만 달라졌다.

보광재에 오르면 마치 양평의 구둔재나 장성에서 정읍으로 넘어가는 갈재처럼 V자로 움푹 패여 있어 오래된 옛길임을 알 수 있다. 얼마나 많은 사람들이 넘어갔으면 저렇게 길이 세월이 되고 역사가 되었을까? 보광정에서 바라보면 한 발 한 발 걸어온 길이 아득하고, 그 너머로 전주라는 도시가 그림처럼 펼쳐져 있다.

보광사의 옛 영광과 고덕산 길

보광재라는 이름은 보광사라는 큰 절에서 비롯되었다. 《신증동국여지승람》에는 "보광사, 고덕산에 있다"라고 실려 있는 이 절을 이곡이 중창기를 남겼다.

"전주의 남쪽 고덕산에 절이 있으니, 이것을 보광사라 한다. 이는 백제로부터 내려오는 큰 절이다. 비구(比丘) 중향(中向)이 어려서 이 절에서 자랐는데, 그 절이 황폐해지는 것을 걱정하고 개연히 중흥시킬 뜻을 품었다. 주인 중에 지금의 자정사 고룡봉 공이 임금의 우대를 받고 성품이 또한 착한 것을 좋아한다는 말을 들었다. 그리하여 원통 갑술년에 바다를 건너 서유(西遊)하여 경사에 가서 만나보고서(...) 고향에 절을 지어서 위로는 임금을 위해 축수하고 아래로 대중들과 복을 같이 하여 우뚝하게 귀장(歸仰)할 장소를 마련한다면, 낮에 비단옷을 입는 격이 되지 않겠습니까?"

이런 연유를 지닌 보광사는 한때 금산사보다 규모가 컸다고 한다. 이색의 아버지인 가정 이곡이 쓴 글이 서거정이 편찬한 《동문선》〈중흥대화엄보광사기(重興大華嚴普光寺記)〉에 다음과 같이 실려 있다.

"절의 완공을 알리기 위해 중향 스님은 보광사 절에서 목소리를 높여 불경을 크게 암송을 하게 된다. 이를 알게 된 신도들은 불전에 재물을 내놓으니 전부 합한 것이 일천에 달하는 사람이 2,500명이요, 황금물로 칠을 해서 불상을 새롭게 한 것이 15근이고, 백금으로 그 기명을 장서한 것이 39근이요, 무릇 지은 건물이 100여 간이었다. 정축년 봄에 시작하여 계미년 겨울에 준공되었는데, 그 달에 산인 참숙 등과 함께 단월과 인연 있는 사람들을 널리 청하여 화엄법회를 크게 열어 낙성식을 하였으니, 모인 대중이 3,000명이요, 날 수로는 50일이었다. (...) 선비와 부녀자들이 부지런히 다니며 공양하고 찬탄하니, 골짜기를 메우고 산 등에 넘쳐 그 수를 헤아리기 어려웠다.”

이렇게 번성했던 보광사가 어느 때 어떤 연유로 폐사가 되었는지 알 길이 없다. 다만 영조 때 편찬한 《여지도서》에는 ‘보광사 관아의 동남쪽 10리 고덕산에 있었는데, 지금은 못 쓰게 되었다‘고 기록되어 있는 것으로 보아 그전에 사라진 것으로 추정할 뿐이다.

하이데거의 말과 같이 고덕산으로 가는 길에서 다른 길로 가는 길들이 연이어 나타나고, 보이지는 않지만 나무 숲에서 이름 모를 산새들이 가끔씩 우짖고 어쩌다가 내 앞을 날아가는 나비 한 마리, 산은 고요하고 적막해서 좋다.

“십 리에 인기척 없고 산은 비었는데 봄 새가 운다.
중 만나 앞길을 물었건만 중 가고 나니 길은 도로 헷갈려”
- 선조 때의 문신 강백년(姜栢年)의 〈산길〉이라는 시

스님이라도 나타났으면 좋으련만 이 근처에는 절도 없으니, 구부러지고 구부러진 길을 천천히 오르다 보니 가까운 듯 먼 듯 삼각형으로 보이는 산이 고덕산이다.

경복사의 비래방장, 고구려 불교의 망명

고덕산(古德山)은 우리나라 불교 역사 속에서 아주 중요한 산이다. 고구려

보장왕 때 연개소문이 그때까지 고구려의 국교였던 불교를 배척하고 도교를 받아들이자, 설 자리를 잃은 고구려의 불교가 백제 땅으로 망명해 온 사건이 일어났다. 고구려 불교의 운명을 건 일종의 변혁이자 혁명이었다. 이 역사적인 사건의 한가운데 고덕산이 있었다. 그때의 상황을 고려 시대의 문장가 이규보는 《남행기(南行記)》에서 이렇게 기록하였다.

"전주의 고달산에는 경복사라는 절이 있고, 그 절에는 비래방장이 있다. '비래방장(飛來方丈)'이란 옛날 고구려의 보덕대사가 신통력으로 함흥의 반룡산에서 하룻밤 사이에 옮겨 온 법당의 이름이다. 보덕대사가 반룡산 연복사에 거처할 때 하루는 갑자기 제자에게, "고구려가 도교만을 숭상하고 불법을 숭상하지 않으니 반드시 오래가지 못할 것이다. 피난을 해야겠는데 어디가 좋을까?" 하고 물었다. 제자 명덕이, "전주에 있는 고달산(高達山)이 편안히 머무를 만한 땅입니다" 하고 대답하였는데 어느 날 아침 문을 열고 나와 보니 법당이 반룡산에서 1천여 리 떨어진 고달산으로 옮겨져 있었다. 이때 명덕이 "이 산이 비록 아름답기는 하나 샘물이 없구나. 내가 만일 스승이 정말로 옮겨 올 줄 알았더라면 마땅히 옛 산의 샘물까지도 옮겨 오게 했을 텐데"하고 말하였다고 한다."

명덕의 말처럼 고덕산 자락의 물길은 그리 풍부하지 않다. 보덕화상(普德和尙)은 고덕산에 경복사(景福寺)를 창건하고 제자들과 더불어 모악산의 대원사(大院寺)를 창건하였으며, 이외에도 임실 신평의 진구사를 비롯해 여러 개의 절들을 창건하였으리라고 추정된다.

이 사건은 워낙 유명해서 신라 시대의 문장가인 최치원도 비래방장에 대한 기록을 남겼는데, 고려 시대의 문장가인 이규보 역시 전주에 부임하자마자 전주 근처 고덕산에 있는 고구려 승려 보덕이 세운 경복사의 비래방장을 찾았다. 비래방장(飛來方丈)은 문자 그대로 '날아온 암자'라는 뜻이다.

고려 시대인 1092년에 대각 국사 의천이 경복사의 비래방장에 가서 보덕화상의 영정에 예를 올리고 다음과 같은 시를 지었다.

열반의 대승 가르침은 우리 스승으로부터 전수 받았다고 하네. 애석하도다

승방을 날려 온 후에 동명왕의 옛 나라가 위태로워졌구나.

그 발문에 쓰여진 글이 있다. "고구려 보장왕이 도교에 현혹되어 불법을 믿지 않았으므로, 보덕 법사는 곧 승방을 날려 남쪽으로 이 산에 이르렀다. 그 후에 신령스러운 사람이 고구려 마령에 나타나서 사람들에게 고하기를, '너희 나라가 패망할 날이 얼마 남지 않았다.'라고 하였다." 이것은 다 《국사》와 같고 그 나머지는 〈본전〉과 〈승전〉에 실려 있다. 법사에게는 뛰어난 제자 11명이 있었다. 무상 화상은 제자 김취등과 함께 금동사를 창건하였고 적멸과 의융 두 법사는 진구사를 창건하였으며, 지수는 대승사를 창건하였고 일승은 심정·대원 등과 대원사를 창건하였다. 수정은 유마사를 창건하였고, 사대는 계육 등과 중대사를 창건하였으며, 개원 화상은 개원사를 창건하였다. 명덕은 연구사를 창건하였고, 개심과 보명도 전기가 있으니, 모두 다 〈본전〉과 같다.

고구려의 절인 비래방장이 백제 땅으로 이주해 온 것은 한강 이남 지역에 유일한 고구려 승려가 만든 사찰이 전라북도에 존재하였다는 것이다. 고구려가 멸망한 뒤인 670년 고구려 유민들이 대거 전북 지역으로 옮겨와 살게 된 배경으로 이 경복사가 자리하고 있다는 점이다.

그 뒤 경복사는 우리나라 불교 열반종의 종찰로 그 위세가 고려와 조선으로 이어지며 유지되었는데 1597년 정유재란 때 승병의 중심지 역할을 하다 일본군이 파괴하여 지금은 폐사가 되어 옛 자취를 찾을 길이 없다. 하지만 최근 몇 차례 발굴을 통해 대형 석축 건물지와 '경복사(慶福寺)', '중도종(中道宗)' 등의 명문와가 출토되었다.

역사 속에서 고구려의 불교가 백제의 땅으로 망명해 온 의미를 지니고 있는 고덕산은 그들이 내려와 지었다는 경복사 터를 품에 안은 채 저만치 있다. 남측 성벽 끝 포루가 있던 곳에서 고덕산으로 가는 길과 억경대 가는 길이 나뉘는데, 성벽을 바라보며 가기 위해 아랫길을 택한다. 길이 나뉘는 삼거리에는 고덕산으로 향하는 산악 자전거 일행들이 힘겹게 페달을 밟으며 지나가고 그 아랫부분에서 남고 산성은 제대로 쌓여진 산성의 원형을 보여준다.

드디어 산성촌에서 대성동으로 넘어가는 고갯마루에 이른다. 이 지점쯤에 남고 산성 동문이 있었다는데 흔적조차 없고 동쪽 성벽 끝부분에 있었을 것이라는 포루 역시 상상 속에나 있을 뿐이다. 성 밑에는 누가 썼는지 모르는 무덤 한 기가 있고 나는 길가에서 빨갛게 빛바래져 가는 청미래 열매를 따서 하나씩 나누어 준다.

이 산성뿐만이 아니라 모든 성곽은 원래 맹수나 적의 침입을 방어하기 위하여 흙·나무·벽돌 등으로 높이 쌓아 올린 담장과 같은 장애물을 말한다. 또한 성곽(城郭)이라고 부르는 것은 내성과 외성의 전체를 말하는 것이고, '성(城)'은 내성만을 가리키는 것이다. 성곽은 인류가 정착 생활을 시작하면서부터 축조되었으며 우리나라에서는 대개 기원전 1~2세기경부터 이러한 시설물들이 나타났다. 《사기(史記)》를 보면 한(漢)이 위씨 조선(衛氏朝鮮)을 공격하는 부분에 위씨 조선의 도심인 왕검성(王儉城)이 등장하는 것으로 보아 성곽을 쌓는 기술은 곧 국가 발전의 척도로 여겨질 만큼 국가 차원에서 중요시 했던 것이었다.

삼국 시대에는 세 나라 모두가 국가 차원에서 국가의 중요 인물을 책임자로 내세운 다음 15세 이상의 남녀를 징집하여 성을 쌓았고 고려와 조선 시대에도 국가에 성을 쌓는 전담 부서를 두어 성을 축조하였다. 역사상 유명한 산성으로 고구려의 안시성(安市城)·환도성(丸都城), 신라의 삼년산성(三年山城), 백제의 북한산성을 비롯하여 고려 시대 몽고의 침략 때에도 산성을 중심으로 항쟁하였고, 조선 시대에도 서울 근처의 북한산성과 남한산성이 임난이어처(臨難移御處)로서 계속 중요시 되어왔다.

현재 중부 이남의 지역에만 약 1,200여 개 이상의 산성 터가 남아 있어서, 우리나라가 산성의 나라라고 할 만큼 우리의 역사와 문화를 규정짓고 보존해온 것임을 실증하고 있다.

전주를 대표하는 대표적인 산성인 남고산성(南固山城, 사적 제339호)은 전라북도 전주시 동서학동에 있는 통일 신라 시대의 석축 산성이다. 둘레는

3,024m로 현재 성문지와 장대지(將臺址) 등의 방어 시설이 남아 있다. 일명 견훤 산성(甄萱山城) 혹은 고덕 산성(古德山城)이라고도 불리는 남고산성은 고덕산의 서북쪽 골짜기를 에워싼 포곡형(包谷形) 산성이다. 이 성은 901년에 후백제의 견훤이 도성의 방어를 위하여 쌓은 것으로 전해지고 있다.

현존하는 성벽은 임진왜란 때 전주 부윤 이정란(李廷鸞)이 이곳에 입보(入保)하여 왜군을 막을 때 수축하였다. 그 뒤 1811년(순조 11)에 관찰사 이상황(李相璜)이 중축하기 시작하여 이듬해에 박윤수(朴崙壽)가 관찰사로 부임한 뒤 완성한 것이다. 숙종 때 완주 소양의 위봉산성(威鳳山城)에 이어 진(鎭)이 설치되었고, 성내에는 진장(鎭將)이 머무르는 관청과 창고·화약고 등이 있었다. 남북에 장대(將臺)가 있으며, 문은 동쪽과 서쪽에 있었다.

남고산성에서 제일 높은 봉인 북장대(275m) 보다 0.5m가 높은 무명봉을 지난 여정은 어느새 북장대에 이른다. 건너편에 치명자산이라 불리는 승암산이 보이고 그 산 너머 기린봉이 있으며 후백제 견훤의 별궁 터라고 알려진 동고산성이 있다. 이곳이 어쩌면 이 산의 중간쯤 될까. 그래서 그런지 몰라도 여기저기 안 보이는 곳이 없다. 니체는《즐거운 지식》의 '처세술'이라는 글에서 다음과 같은 이야기를 남겼다.

"평야에 머물지 말아라! 너무 높이도 오르지 말라! 이 세계의 가장 좋은 경치는 중간쯤의 높이에서부터이다"

그래, 이 정도쯤 오르면 전망도 좋고 오르기도 좋으니, 산을 오르기에 안성맞춤이라고 볼 수 있겠다.

억만 가지가 보인다고 하는 억경대에 올라서니 빼곡이 들어선 아파트 숲 건너로 완산 칠봉이 보이고 더 멀리 황방산이 흐릿하게 펼쳐져 있다. 이곳 억경대에서 곧바로 내려가면 좁은 목 약수터가 있는데 지금은 남원으로 순천으로 가는 길이 사통팔달로 뚫려 있지만 옛날이야 전주천변에 작은 길만 있었을 것이다. 내려가는 성벽 길은 가파르고 성 안쪽 남고사에서 목탁 소리 들린다.

서쪽에는 암문(暗門)이 하나 있었고, 동서남북에 각각 하나씩 포루(砲樓)

가 있었으며, 특히 천경대(千景臺)·만경대(萬景臺)와 같은 절벽이 있는 자연적 요새를 이용하였다. 남아 있는 북문지(北門址)는 석축만 남아 있는데, 너비 3.4m, 높이 1.2m이며, 세 봉우리에는 각각 10㎡의 장대지가 있다. 성내에는 연못이 네 군데나 있었고, 우물이 25개나 되었으며, 영조 때의 기록에 의하면 둘레 2,693보(步), 여장 1,946척이고 성 안에 민가 100여 채가 있었다고 하나, 현재 성 내에는 남고사(南固寺)가 있고 조선 후기의 명필로 알려져 있는 창암 이삼만의 글씨로 남고진의 내력을 기록한 남고진 사적비(南固鎭事蹟碑)가 남아 있다. 1911년 발간된 《완산지》에는 남고산성이 완성되고 진이 설치된 시기가 1813년이라고 기록되어 있다.

전라북도 기념물로 지정되어 있는 남고사지(南固寺址)의 본래 터에 세워진 남고사는 보덕화상의 수제자였던 명덕화상이 창건하였다. 원래는 남고연국사(南固燕國寺)라고 하였으나 뒷날 남고사(南高寺)라고 하였다가 다시 남고사(南固寺)로 변한 것으로 추정된다. 남고사는 고려 시대까지는 교종 계열의 사찰로 내려오다가 세종 때 모든 종파의 불교가 교(敎)·선(禪) 양종(兩宗)으로 통합되어 48개의 사찰만 공인하게 되었을 때 탈락된 뒤 사세가 크게 위축되었다고 한다. 임진왜란 이후 선종이 주류를 이루게 되자 선종계의 사찰이 되었다. 남고사 터는 현재 대웅전과 요사채 그리고 사천왕문이 있으며 석가모니불을 주불로 우측에 약사여래불을 봉안되어 있다. 전주 팔경 중의 하나인 남고사에서 들리는 저녁 종소리를 나는 언제쯤 듣게 될까?

천천히 내려가자 세운 지 오래되지 않은 남고산성 서문이 서 있고, 그곳에서 남고사로 오르는 길이 있다. 조금 가파른 돌계단 길을 오르면 만경대에 이른다. 전주 시가지가 한눈에 내려다보이는 봉우리인 만경대에는 동포루가 있었던 곳으로 《동국여지승람》에는 이렇게 기록되어 있다.

만경대(萬景臺) : 고덕산 북록(北麓)에 있다. 돌 봉우리가 우뚝 솟아 마치 층운(層雲)을 이룬 듯이 보이는데, 그 위에 수십 명이 앉을 만하다. 사면으로 수목이 울창하며 석벽(石壁)은 그림 같이 아름답다. 서쪽으로 군산도(群山島)를 바라보며 북쪽으로는 기준성(箕準城)과 통한다. 동남쪽으로는 태산(太山)을 지고 있는데 기상이 천태만상이다. 정몽주(鄭夢周)의 시에, "천 인(千仞) 높은 산에 비긴 돌길을, 올라오니 품은 감회 이길 길이 없구나. 청산이 멀리 희미하게 보이니 부여국(扶餘國)이요, 황엽(黃葉)이 휘날리니 백제성(百濟城)이라. 9월 높은 바람은 나그네를 슬프게 하고, 백년 호기는 서생(書生)을 그르치게 하누나. 하늘 가로 해가 져서 푸른 구름이 모이니, 고개 들어 하염없이 옥경(玉京)을 바라보네."

포은(圃隱) 정몽주가 이 시를 남긴 이유를 전주 사람들은 아래와 같이 알고 있다. 고려 말에 이성계 장군이 지금의 남원시 운봉면 황산에서 왜구들을 크게 물리친 일이 있었다. 그 전투가 유명한 이성계 장군의 황산대첩(荒山大捷)이다. 왜구들을 무찌른 이성계가 전주 동쪽에 자리 잡고 있는 오목대(梧木臺)에서 전승의 기념으로 큰 잔치를 베풀면서 고려를 뒤엎고 조선을 개국할 뜻을 피력했다고 한다. 이때 종사관으로 함께 참석했던 정몽주가 말을 달려 남고산 만경대에 올라 당시 서울인 개경(開京)을 바라보며 지은 시가 지금도 돌벽에 그대로 남아 있어 보는 사람의 가슴을 뭉클하게 한다고 하지만, 태조 이성계가 양광, 전라, 경상도 순찰사가 되어 왜구들을 무찔렀던 때가 1380년이었다. 정몽주가 그 사실을 알았더라면 이성계가 무사했을 리가 있었겠는가? 다만 나라가 자꾸 황혼 녘에 접어드는 것을 느낀 정몽주가 기울어져 가는 나라를 생각하며 지은 시가 조선 시대에 또 하나의 이야기를 덧붙인 결과일 것이다.

만경대의 바위벽에는 '만경대'라는 큰 글씨가 새겨져 있고 바로 아랫부분에 포은 정몽주의 시가 새겨져 있어 700여 년 전의 그 날을 생각게 할 따름이다.

만경대에서 남문 터로 내려가는 길은 가파르기 이를 데 없고 서암문 터에는 지대석 두어 개 남은 위에 새로 쌓여진 돌들이 생경하게 있을 뿐이다. 산성 별장 이신문의 영세 불망비가 망부석처럼 서 있고 여정은 관성묘(關聖廟)로 향한다. 관성묘 부근에 남고진 관아가 있었고 개울 건너에 화약고가 있었다고 한다. 관성묘 입구에는 하마비가 서 있다. '대소 인원을 막론하고 이곳에서부터는 말에서 내려 걸어가라'는 하마비를 지나 돌계단 길을 오른다.

관성묘, 무신 관우의 신앙

관성묘에는 《삼국지》로 우리에게 낯익은 관우 장군을 무신(武神)으로 받들어 제사 지내는 곳으로, 《주왕묘(周王廟)》 또는 《관제묘(關帝廟)》라고도 부른다. 우리나라에서 관우를 신봉하는 신당이 널리 전파된 것은, 임진왜란 때 명나라 장군 진인이 서울의 남묘와 동묘에 관우를 조각한 신상을 안치한 데서 비롯된다.

서울 종로구 숭인동 238-1에 있는 동묘(서울 東廟)는 중국 촉한의 유명한 장군인 관우에게 제사 지내는 묘로서 원래 명칭은 동관왕묘(東關王廟)이다. 동묘를 짓게 된 이유는 임진왜란 때 조선과 명나라가 왜군을 물리치게 된 까닭이 성스러운 관우 장군께 덕을 입었기 때문이라고 여겼기 때문에 임진왜란 중에 서울의 두 곳에 관왕묘를 세웠다.

동묘는 선조 32년(1599)에 짓기 시작하여 2년 뒤인 1601년에 완성되었고, 그때 명나라의 신종(神宗)은 친히 '현령 소덕 관공지묘(顯靈 昭德關公之廟)'라는 여덟 자를 새긴 액자를 써서 보내어 현판을 달았다. 그 뒤 명나라가 망하자 청나라를 꺼려서 그 현판을 떼었다가 다시 달았다.

하지만 관왕묘를 짓는 것에 대해 부정적인 사람들도 많았다. 《선조 실록》 32년 6월 기해(己亥)조에 다음과 같은 글이 실려 있다.

"관왕묘를 짓는다는 것 자체가 허황된 일이어서 하나같이 합당치 못한데도 아니 할 수 없어서 동쪽 교외에다 큰 공사를 일으켰지만 이것이 백성들을 살 수 있게 할 것인가"라는 대목이 보이고 그해 7월조에는 다음과 같은 글이 보인다. "선조 임금 께서 관왕묘를 세우기로 한다고 하면 동대문 밖에다 세우라는 전교(傳敎)가 있었 으므로, 조정에서 한성에 도읍을 정할 당초부터 도성 동쪽의 땅이 약한 것을 염려 하는 터이므로, 관왕묘를 동대문 밖에 세워서 이곳의 땅 기운을 돋워야 마땅하다고 풍수에 밝은 편이라는 명나라 장수 엽정국(葉定國)을 설득하였다."

남묘와 동묘가 세워지기 전 명나라 장수들은 '싸움터에 관우의 신령(神靈)이 나타나서 신병(神兵)으로 왜적을 쫓아냈다'고 소문을 낸 뒤 전라도 강진과 경 상도 성주, 전라도 남원과 전주 등 우리나라 도처에 관왕묘를 세웠고 결국 남대 문 밖과 동대문 밖에 관왕묘를 세우게 된 것이다.

이후 조선 전역에 관우 신앙이 퍼졌는데 숙종 때 태어나 영조 때까지 살았던 남유용(南有容)이라는 사람이 지은 《뇌연집(雷淵集)》을 보면 얼마나 많은 폐 단이 발생했는지를 알 수 있다.

"명나라 장수들에 의해 관우 묘를 짓고 우리들로 하여금 믿게 한 것인데 요사이 에는 어리석은 지아비나 아낙네들이 어제보다 오늘이 더하게 더욱 많은 피륙과 돈 을 바치니 이는 오히려 관우를 욕보이는 것이다. 관우 묘를 찾는 이들이여 모름지 기 자숙할지어다."

이렇듯 어지러운 사연을 지니고 있는 것이 관성묘다. 전주의 관성묘는 고종 32년(1895) 전라도 관찰사 김성근(金聲根)과 남고산성을 책임지던 무관 이신 문(李信文)이 제안하여 각 지역 유지의 도움을 받아 건립했다. 사당 안에는 관 우의 상이 있고, 그 양쪽 벽에는 《삼국지연의》의 내용을 그린 벽화가 있다. 관 우의 신성을 믿는 사람들은 매년 초 이곳을 찾아 한 해의 행운을 점치기도 하는 곳으로 1984년 4월 1일 전북특별자치도의 문화재 자료 제5호로 지정되었다. 국내에 몇 개 되지 않는다.

충경사, 시대를 넘어선 영웅들

천천히 걸어가면 성 아래에 삼경사라는 절이 있다. 전주 삼경사 목조 아미타 여래 좌상(全州 三景寺 木造阿彌陀如來坐像)은 조선 시대의 불상으로 2015년 12월 28일 전라북도의 유형 문화재 제236호로 지정되었다. 1708년이라는 제작 연대, 조각가 법종(法宗)의 제작, 아미타상(阿彌陀像)의 불상 명칭이 명확하게 밝혀져 있기 때문에 18세기 전반의 불상 편년 기준이 되는 작품이다. 조상경(造像經)에 의거한 후령통(喉鈴筒) 등 복장 유물이 완전하게 구비된 상태로 발견되어 그 가치가 매우 높다.

시냇물 소리 들으며 도착한 남고산성 입구에 충경사가 있다. 충경공 이

정란 장군을 모신 사당이다. 그는 임진왜란 때 전주에서 700여 명의 의병을 모집하여 남고산성과 만경대 등에 복병을 배치, 고바야카와의 침입을 막았던 공로로 충경공(忠景公)이라는 시호를 얻었던 인물이다. 대동 사상을 주창했던 조선 시대 혁명가 정여립과 인척 관계였으나 정여립의 미움을 받아 한직으로만 내몰렸던 그는 전주성 수호의 영웅으로 남아 있고 정여립은 신원도 되지 못한 채 역사 속에 묻혀 있을 뿐이다.

조선 전기의 문장가인 서거정(徐居正)은 전주를 두고 다음과 같은 글을 남겼다.

"남국의 인재가 몰려 있는 곳이다. 물건을 싣는 데 수레를 사용하며, 저자는 줄을 지어 상품을 교역한다."

전주에서 제일 처음 직장을 잡았던 고려의 문장가인 이규보(李奎報)의 전주를 찬탄하는 글도 있다.

"인물이 변호하고 가옥이 즐비하여, 고국(古國)의 풍이 있다. 그러므로 그 백성은 어리석거나 완박하지 않고 모두가 의관을 갖춘 선비와 같으며, 행동거지가 본뜰 만하다."

이렇게 옛사람들이 찬탄하였던 전주는 현재 문화 관광 도시를 모색하면서 2036년 올림픽 유치를 위해 매진하고 있다.

승암산의 치명자 성지와
동고산성을 따라가는 기린봉 길

거리 및 소요 시간 : 8km, 약 4시간

코스 경로
오목대 → 한벽당 → 승암산 승암사/동고사 → 치명자 성지 → 동고산성 →
기린봉 → 아중 저수지

전문가 : 유재훈 (여행 작가)

승암산에서 기린봉 지나 아중 저수지까지

멀리서 보면 문득 오르고 싶은 산이 있다. 남고산성이나 전주천의 청연루에서 보이는 중바우라 불리는 승암산이 그런 산이다. 이 산은 발산 북쪽에 있는 바위산으로 벼랑의 모양이 마치 고깔을 쓴 중들이 늘어선 것 같다고 하여 중바우라는 이름이 붙었다.

이 산으로 오르는 길은 두 가지다. 하나는 몽마르트 언덕이라고 쓰여진 치명자 산을 오르는 길이다. 이 길에는 예수가 골고다 언덕을 올라가는 전 과정이 조성되어 있어 예수 그리스도의 수난 길이라고도 말할 수 있는 길이다. 또 다른 하나는 승암산 아래 승암사에서부터 시작되는 길인데, 〈전주 천년 고도 옛

길〉 4코스는 승암사에서부터 시작된다.

승암사는 한국 불교 태고종에 소속된 사찰로 신라 헌강왕 2년(876년) 도선(道詵)이 창건하였다. 조선 중기에 기행으로 이름 높은 진묵대사 일옥(一玉: 1562~1633)이 그의 제자인 원응(圓應)과 이 절에 머물며 수행하였는데, 원응은 그 당시 진묵굴(震默窟)에 머물렀다고 한다. 이곳에서 약수가 나와 절 이름을 약수암(藥水庵) 또는 천수암(天水庵)으로 불렀다. 선조 25년(1592년) 임진왜란 때 불에 탄 것을 영조 16년(1740년) 용담(龍潭)이 중창하였다. 1943년 만응(萬應)이 주지로 부임하여 1955년 봉수(鳳秀)와 함께 한벽선원(寒碧禪院)과 승암강원(僧巖講院)을 세우고 지역 불교계에 선풍을 일으켰다. 1983년 도광(道光)이 대웅보전을 지었다.

승암사 뒤편으로 이어진 길은 나무 숲 사이로 아스라하게 이어진다. 조금은 가파른 산길을 올라가면 고창 읍성이나 담양에서나 볼 수 있는 왕대나무 숲이 나타나고 동고사에 이른다.

전주의 동쪽에 있다고 하여 동고사라 불린 이 절은 현재의 자리가 아니고, 기린봉(271m) 자락에 있었다고 전해 온다. 헌강왕 2년(876년)에 도선 국사(道詵國師)가 전주 지역 동서남북 네 곳에 창건한 사찰 중 하나로 세웠다고 하지만 창건 연대가 확실하지는 않다. 전해 오는 이야기로는 신라 경순왕 때 왕의 둘째 아들 덕지(德摯) 왕자가 불교에 입문하여 승려 범공(梵空)이 되었고, 그때 부모 형제 다섯 사람의 모습을 나무로 새기고 이곳에 봉안했다고 하여 '김부대왕절', '진불대왕전'이라고 불리고 있다.

1979년 덕운(德雲)이 기록한 《동고사 사적지진》에 의하면, 임진왜란 때 불에 타 폐사가 되었던 것을 헌종 10년(1844년)에 허주가 지금의 자리에 중건하였다는 것으로 보아 본래의 이름을 따서 동고사라 부른 것도 알 수 있다. 1946년 4월 영담 김용욱(金容郁)이 주지로 취임하여 대웅전, 요사 등의 부속 건물을 새로 지었다. 1984년 4월 1일 전북특별자치도 문화유산 자료로 지정되었다.

동고사에서 남쪽으로 난 길을 따라가면 천주교 성인인 유항검과 그의 아들 유중철과 그의 아내 이순이가 묻혀 있는 치명자 성지가 나타난다.

호남의 사도, 치명자 성지

　천주교의 성인인 유항검이 태어난 곳은 전북 완주군 이서면 남계리에서 가장 큰 마을인 초남이 또는 최남이라고 부르는 마을이다. 근처에 경전와우(耕田臥牛) 혈이라는 명당자리가 있다. 풀이 무성한 그곳에서 한국 천주교 역사에 중요한 인물이 태어났다. 1784년 한국 천주교회가 설립된 이후 천주교의 조선 정착에 크게 공헌한 유항검(柳恒儉, 1756~1801)이 그 주인공이다.

　유항검의 본관은 전주(全州), 세례명은 아우구스티노로 호남의 대부호였던 그는 남녀노소 모든 사람이 평등하다는 천주교의 교리를 받아들여 '호남의 사도'로 불렸다.

　한국 천주교회 최초의 순교자인 진산 출신의 윤지충과 이종사촌 간이었던

유항검은 1784년(정조 8년) 경기도 양근(지금의 양평)의 권철신 집을 찾아갔다가 천주교를 접했다. 권철신의 동생 권일신에게 교리를 배우고 신앙을 받아들였다. 그는 이승훈에게 세례를 받았으며, 고향에 돌아와 가족과 친척, 노비 등에게 복음을 전파했다.

1786년 가성직자단(假聖職者團)의 신부로 임명된 유항검은 고향에서 미사를 집전하며 성무 활동에 전념했다. 1790년 10월, 천주교회가 조상 제사를 금지한다는 사실이 알려지면서 많은 양반 신자들이 교회를 떠났다. 하지만 유항검은 교회의 명령을 충실히 지키기 위해 신주를 조상의 무덤 곁에 묻고 제사를 지내지 않았다.

1791년(정조 15년) 신해박해가 일어나 윤지충이 처형되었다. 하지만 유항검은 7개월 동안 피신해 있다가 자수한 뒤 배교를 선언하고 석방되었다. 그 뒤 비밀리에 신앙생활을 계속하던 그는 1795년 5월 주문모 신부를 전주로 초청해 미사를 봉헌했다. 자신의 장남 유중철(요한)과 이윤하의 딸 이순이(루갈다)가 '동정 부부'를 서약하고 혼인하는 것을 허락했다. 1796년에는 신앙의 자유를 얻기 위해 '대박청래(大舶請來) 사건'(종교 자유를 허락하지 않을 때엔 서양 군함이 와서 무력으로 결판을 내야 한다는)에 깊숙이 관여했다.

1801년 정조가 의문사하고, 어린 순조 임금이 즉위하면서 안동 김씨 정권이 들어섰다. 순조 1년 전국에 걸쳐 신유박해가 일어나면서 '오가작통법'을 적용시켜 천주교도들을 하나도 남김없이 뿌리 뽑도록 하였다. 불과 수십여 일 만에 200여 명이 체포되었다. 전라 감사 김달순은 신도들을 문초하다가 '대박청래' 사건을 알게 되었다.

그 해 3월 전라 감영은 유항검을 비롯한 유관검, 윤지헌, 이우집, 김유산 등을 신속하게 체포하여 4월에 서울로 압송하였다. 그들은 대역부도 죄로 능지처참과 집을 파서 소를 만드는 파가저택(破家瀦澤) 형을 받고 전주로 이송된 후 10월 24일(음력 9월 17일) 현재의 전동 성당 부근에서 처형되었다. 유항검과 그의 동생 관검은 대역부도죄로 육시형을 당했고, 목이 잘린 유항검의 머리는 남문 누각에 매달아 성문을 출입하는 사람들에게 경각심을 주도록 하였다.

유항검의 가족 중 처 신희, 큰아들 유중철과 며느리 이순이, 둘째 아들 유문석과 제수 이육희, 조카 유중성이 순교했다. 나이 때문에 사형을 면한 어린 아들 유일석(6살)은 흑산도로, 유일문(3살)은 신지도로, 딸 유섬이(9살)는 거제도로 유배되었다.

신기한 것은 유항검 가족묘가 있는 바로 그 위에 성모 마리아 형상의 바위가 서 있어서 순례차 이곳에 온 사람들이 경탄하면서 경배하는 곳이다.

후백제의 별궁 터, 동고산성

유항검 가족이 잠들어 있는 치명자 성지를 지난 여정은 동고산성으로 이어진다. 그 길이 너무도 아름다워서 천천히 아껴가며 걷고 싶은 길이다. 고갯마루에 접어들면 후백제 당시의 건물 터로 보이는 터가 소나무 숲에 둘러싸여 있

전주 동고산성 연화문 수막새

전주 동고산성 '전주성'명 쌍봉황문 암막새

고, 그곳에서 조금 더 가면 후백제의 별궁 터에 이른다.

《신증동국여지승람》 '고적' 편에는 '고토성(古土城): 부의 서쪽 5리에 있다. 터가 남아 있는데 견훤이 쌓은 것이다.'이렇게 실려 있는 고토성은 어딘지 그 흔적을 찾을 수 없고, 현재 전주에 후백제의 왕궁 터로 알려진 곳은 동고산성의 건물 터뿐이다.

왜 그럴까? "패자는 입을 다물라, 씨앗들처럼"이라는 옛말과 같이 패자의 발자취는 깡그리 없애 버리고 승자의 기록만 남아 있기 때문이다.

"역사를 이해하기 위해선 헤로도토스(Herodotos)의 《역사》를 읽는 것으로 충분하다."

독일의 철학자인 쇼펜하우어는 이렇게 말했는데, 그리스 역사학자인 키케로는 헤로도토스를 '역사의 아버지'라고 평했다. 기원전 5세기에 살았던 헤로도토스는 수많은 일화와 전설, 민족지 등을 이 책에 기록해 놓았다. 《역사》는 그리스 산문 사상 최초의 걸작으로 평가된다. 지금도 그가 살았던 당시의 지명들이나 풍속과 문화, 역사적 사실들이 마치 어제 일어난 것처럼 세밀하게 실려 있어서 시샘이 난다. 왜냐하면, 우리나라의 역사는 고려 때 김부식이 편찬한 《삼국사기》와 일연 스님이 지은 《삼국유사》밖에 없어서 한성 백제가 어디였는지, 후백제의 왕궁이 어디에 있었는지조차 불분명하기 때문이다.

승암산 중턱에 자리해서 승암산성이라고도 부르는 동고산성(전라북도 기념물 제44호)은 성 내부에 있던 주춧돌만 남은 건물 터다. 후백제의 왕궁 터라고 하는데, 전체 188칸으로 고대 단일 건물 중 최대 규모다. 만약 그 자리에 건물이 서 있다면 여수 진남관보다 더 컸을 것으로 추정된다. 발굴 당시 출토된 연꽃 무늬 수막새와 암막새에 전주성(全州城)이라 씌어져 있어 이곳이 견훤 왕궁 터였음을 말해 준다.

동고산성을 왕궁 터라 한 기록은 1688년(숙종 14년)에 성황사를 이곳으로 옮기면서 쓴 《성황사 중창기》에도 나와 있다. 《여지도서》에 실린 글을 보면 다음과 같이 설명한다.

성황당 관아의 동쪽 3리 승암 오른쪽에 있다. 예전에는 사당이 기린봉 왼쪽에 있었으며, 흙으로 조각상을 만들어 제사를 지냈다. 관찰사 이언호가 이 조각상을 무너뜨리고 대신 위패를 만들어 제사를 지냈으며, 이곳에 단을 쌓고 옮겨 모셨다고 한다. 예전 사당은 마침내 없어져 부정한 귀신을 제사 지내는 사당이 되었다.

성황사에 모신 사람은 신라의 마지막 임금인 경순왕과 그의 가족들이다. 흙으로 만든 소상으로 신단 오른쪽부터 둘째 부인 최씨와 김부대왕(경순왕), 최씨 부인의 아들인 태자와 태자비, 정후 허씨 차례로 배열되어 있다. 무속에서는 대개 억울하게 죽은 영웅을 신으로 모신다. 그런데 어떤 연유로 후백제의 수도였던 전주에 신라의 마지막 임금인 경순왕과 그의 가족들을 모신 성황사가 세워졌는지는 알 길이 없다.

여러 차례의 학술 조사를 통해 이곳을 후백제의 왕궁이 있던 자리로 추정하지만 확실하지는 않다. 예로부터 전해 오는 말에 '쌀 씻은 물이 십 리를 흘러갔다면 절에 천 명의 스님이 살았고, 쌀 씻은 물이 삼십 리를 흘러갔다면 스님이 삼천 명 살았다'고 한다. 절을 짓거나 성을 쌓을 때는 물이 풍족한 곳에 터를 잡았다. 그런데 동고산성은 어떤가? 절대적으로 물이 부족하다. 건물 터 아래 샘에 물이 겨우 졸졸 흐르는 곳에 견훤이 왕궁 터를 잡고, 오월국이나 거란국의 사신들을 맞았을까? 어쩌면 지금 이곳은 후백제의 행궁 터였을 것이다.

고려 시대 후기에 이곳을 찾았던 목은 이색이 시 한 편을 남겼다.

"견성(甄城)의 경치가 오르기를 권하네. 옛사람을 위무(慰撫)하여 유연히 웃음을 머금도다. 의관을 갖추고 행세하던 사람들을 찾고자 하니, 지나간 일들이 슬퍼지누나. 부질없이 도기(圖記)만을 가지고 옛 궁성 터를 말하네. 술은 황국(黃菊)에 맑은 서리 내린 후 맛을 다하고, 주렴(珠簾)은 청산(靑山) 낙조(落照) 사이에 걸려 있네. 고금의 영웅이 지나가는 새와 같으니, 피곤하기를 기다리지 말고 돌아갈 줄을 알아야 하겠네."

이색이 살았던 시기에도 어느 곳이 후백제의 왕궁 터인지 분명하지 않아 설왕설래 했음을 알 수 있다. 천하를 호령하던 영웅들의 삶도 금세 지나가는 바람과 같음을 노래하고 있다.

《신증동국여지승람》에 실린, 고려 후기의 문신 정추가 지은 〈견훤 농병지(甄萱弄兵地)〉를 보면 고구려의 국내성이나 환도 산성과 유사한 구조인 동고산성은 전주가 후백제의 수도였을 때 비상시에 대피하는 성으로 이용되었을 것으로 추정하고 있다.

기린봉, 옛 영웅들의 명과 암

동고산성의 행궁 터를 지난 여정은 기린봉(麒麟峰)으로 이어진다. 우리나라에 없는 동물, 기린이라는 이름은 강원도 인제군 기린면과 전주의 동쪽에 자리 잡은 기린봉뿐이다. 어느 누가 이 산을 보지도 못한 기린이라는 이름을 지었을까? 전주의 동쪽에 기린의 목처럼 길게 뻗어 있어서 기린이라고 지었을 것이라고 추정하는 기린봉은 전라북도 전주시 덕진구 우아동과 풍남동에 걸쳐 있는 산이다. 산의 형세가 상서로운 동물인 기린이 여의주, 즉 달을 토해내는 듯한 풍광을 가졌다는 의미로 기린 토월이라고도 불린다. 이 산은 해발 고도가 307m로 전주를 감싸고 있는 산 중에서 가장 높은 산이다.

전주의 동쪽에 자리 잡고 있는 이 기린봉을 《혼불》의 작가 최명희는 〈고향

예찬〉에서 다음과 같이 회상하고 있다.

'기억은 저마다 한 채씩의 집을 짓는다. 기린봉 푸른 밤하늘에 시리도록 흰 달이 걸리면, 뚜렷하게 드러난 능선을 타고 달빛이 흘러온 전주가 옥색 물소리에 흥건히 잠기던 충만의 감동. 멀리서 그 달빛을 두드리던 가을 다듬이 소리. 주황의 창호지 불빛. 아아, 그리고 사람들. 사람들은 풍경보다 더욱 그리운 집을 한 채씩 견고하게 내 속에다 짓고 있었다. 그때는 내가 너무 어려서 한 번도 말을 나누어 본 적은 없었지만 너무나도 낯익고 친숙하여 이미 남이 아닌, 전주 사람이라면 으레 당연히 알고 있었던 그 몇 사람은, 날이 갈수록 왜 그런지 사꾸민 생각이 난다.'

이렇게 최명희 작가가 예찬한 기린봉은 사신(四神) 중 두 번째 신인 우백호(기린)에 해당하는 산으로 하늘에 제사를 지냈다는 산이기도 하다. 전주 근교의 아름다운 열 개의 풍광을 일컫는 전주 10경 가운데 하나인 기린 토월(동쪽 기린봉 위로 떠오르는 아름다운 달)로 전주의 첫째 가는 아름다운 경관으로 알려져 있다. 기린봉은 도심에서의 접근성이 좋고, 험하지 않아 무난하게 운동 삼아 오를 수 있으며 아중 호수와 연결되어 있기 때문에 사시사철 이 산을 찾는 사람들이 많다.

나는 한없이 퍼져나간 전주의 산들을 바라보며 매월당 김시습이 산에 대해 남긴 말 한마디에 귀를 기울인다.

"대저 사람이 산에 오르면 먼저 그 높은 것을 배우려고 할 줄 알아야 하느니. 또 물을 만나면 그 맑음을 배울 것을 먼저 생각하고 들에 앉으면 그 굳음을 배울 것을 생각하며 소나무를 보게 되면 그 푸름을 배울 것을 생각하고, 일과 마

주하게 되면 그 밝음을 먼저 배울 것을 생각하는 태도가 바로 머리를 제대로 굴릴 줄 아는 자의 모습이니라. 허나 장차는 머리를 제대로 굴리려는 자가 매우 드물 것인즉, 두고 보면 알 것이다. 필경 산에 오르면, 먼저 그 편한 것부터 알고자 기웃거리게 될 것이다.”

그의 예언처럼 산을 오르겠다는 사람들 대부분이 조금이라도 산의 정상에까지 차를 타고 가서 내리기 위해 안달을 하고, 조금만 가파른 산이면 케이블카를 만들어 힘도 들이지 않고 오르려고 애를 쓰고 있으니. 어찌 산을 오르는 것만 그러하랴. 모든 것이 편하고 빠른 것만을 추구하다 보니 세상 자체가 뒤죽박죽이다.

폴 비빌리오는 《속도와 정치》라는 글에서 “1940년 초에 파리는 걸어서 엿새 거리, 차로 세 시간 거리, 비행기로 한 시간 거리였다. 오늘날 이 수도는 어디서 출발해도 몇 분 거리다.”라는 글을 남겼다. 어차피 태어난 이상 우리들은 정해진 시간을 살아가는데, 굳이 전쟁처럼 순간순간의 삶을 살아가다 보니 무엇을 차분히 생각하거나 들여다 볼 시간이 없다. “산천을 유람하는 것은 책을 읽는 것과 같고, 책을 읽는 것은 산천을 유람하는 것과 같다”고 한 옛사람들의 말처럼 세상의 모든 것들에 여유를 가지고 살아갈 수는 없을까?

이 기린봉 중턱에 정여립과 14촌 간이었던 정인겸의 묘소가 있다. 정여립 사건이라고 일컬어지는 기축옥사 이후 대동계를 조직했던 금구현은 김제군에 복속되어 버렸다. 정여립의 조상 묘들은 파헤쳐 뼈를 갈아 바람에 날려 버렸다. 전주는 전주 이씨의 관향이기 때문에 없앨 수 없었기 때문에 동래 정씨들은 쫓아내 버렸다.

KBS 〈역사 스페셜〉 ‘정여립의 난’을 취재하면서 만났던 정여립의 친척이었던 정인겸은 당시 정여립과 14촌 간이었는데도 불구하고 역적과 친척이었다는 이유만으로 무덤이 파헤쳐지고 유골은 바람에 날려 흩어져 버렸다. 그 후손들은 그 당시 충청북도 증평으로 쫓겨나서 살다가 1979년에야 조상의 묘를 복원할 수 있었다고 한다. 익산 미륵산 자락에 묘소가 있고, 조선 중기에 대제학을 지낸 소세양이 썼다는 비석은 두 동강이 났으며 묘소를 지키던 석상은 머리와 귀가 잘린 채 땅속에 4백여 년을 파묻혀 있다가 다시 햇빛을 보게 된 것이다. 수많은 답사길에서 목 잘린 부처들은 많이도 보았지만, 목 잘리고 귀가 잘린 석상에 시멘트로 머리를 만들어 붙인 경우는 처음 보았다.

이런 역사적 사건을 목격한 기린봉에 동학 농민 혁명 당시 김개남 부대를 섬멸하고 친일파로 활동한 이두황의 묘가 기린 아파트 근처에 있다.

그렇다면 이두황은 어떤 사람인가? 1858년 1월 11일 서울에서 출생한 이두황의 본관은 인천(仁川)이고 자는 공칠(公七)·설악(雪嶽)이다. 대한제국 시기에 전라북도 관찰사와 전라북도 장관 등을 역임한 관료인 그는 친일 반민족 행위자였다. 1894년 동학 농민 전쟁이 일어났을 때 동학 농민군을 토벌하는 데 앞장섰다. 전주로 내려온 이두황은 전주 관군을 도와 전주성에 재집결한 동학 농민군과 교전하여 대패시키고 전주성을 관군이 다시 탈환하도록 도왔다.

1895년 을미사변 당시 도성 훈련대 제2대대장으로 있었던 이두황은, 명성황후 암살의 조선인 고위 협력자 중 한 사람으로 을미사변 관련 국사범으로 지목되었다. 그 뒤 이두황은 1897년에 일본으로 망명하여 숨어 살다가 1907년 대한제국 순종 즉위 후 귀국했다. 이토 히로부미의 비호 아래 대한제국 중추원 부찬의와 전라북도 관찰사에 임명되어 의병을 진압했던 이두황은 1910년부터 1915년경까지 전라북도 장관 직에 있었다.

일본 체류 때부터 일본 불교를 믿었던 이두황은 자신의 장례도 화장장(火葬葬)으로 치르게 하였으며, 장례식은 간소하게 하도록 유언을 남겼다. 화장된 그의 유골함은 전라북도 전주부(현 전주시) 풍남동과 노송동 근처 기린봉 아래 묘좌(卯坐)에 매장되고 비석이 세워졌다. 비석의 비문은 김윤식이 지었고, 중추원 참의였던 정병조가 글을 썼으며, 조선 총독부 총독 데라우치 마사타케의 글씨체로 썼다.

한 말에 관료였던 이두황이나 이완용은 제명대로 잘 살다가 갔고, 동학의 지도자들이나 의병들은 이름도 없이 죽어갔다. 백여 년 전 독일의 시인 하이네는 "어째서 올바른 자가 십자가를 짊어진 채 피를 흘리며 가고, 도리어 나쁜 놈들이 승리자로서 날쌘 말을 타고 횡행하는가"라는 시를 통하여 당시의 현실을 비판하였다. 우리나라에도 "선한 자는 흥하고 악한 자는 망한다"라는 권선징악의 속담이 있지만 역사 속에서 어디 그런 말들이 통하던 시절이 있었던가? 오히려 "선한 자는 망하고 악한 자는 흥한다"는 말이 훨씬 잘 통했다고 할 수 있다.

기린봉의 여유와 아중 호수

수많은 이야기를 간직한 기린봉의 능선 길은 숲이 울창하게 우거져 있는 아름다운 길이라서 어느 순간도 지루하다고 느낄 여유가 없는 길이다. 가을 이 산을 오르다가 만나는 열매가 정금나무다. 블루베리처럼 새콤한 맛이 나는 열매를 맺는 정금나무와 어쩌다가 눈에 띄는 물푸레 나무. 낭창낭창 잘 휘어져서

도리깨를 만들기도 하고, 무늬가 아름다워서 기구재나 가구재로 좋은 이 나무를 두고 오규원 시인은 〈한 잎의 여자〉라는 시 한 편을 남겼다.

"나는 한 여자를 사랑했네 물푸레나무 한 잎같이 쬐끄만 여자 그 한 잎의 여자를 사랑했네."

봄이면 순백의 솜털 같은 꽃을 피우는 물푸레나무를 보고서 기린봉의 정상에서 시나브로 걷다가 보면 아중리에 있는 아중호수 공원에 이른다. 아중리는 왜막실, 아막실, 아중이라고 부르는데, 본래 전주군 용진면 지역이다. 임진왜란 때 왜병이 막을 치고 있다가 전멸을 당했기 때문에 왜막실이라고 부르다가 그 말이 변하여 아막실 또는 아중이라고 부르고 있다. 아중 저수지 서쪽에 있는 저수지를 은행다리 못이라고 부르는 것은 문수골 북쪽에 있던 이 마을에 은행나무로 놓은 다리가 있어서 은행다리 또는 인교라고 불렀다.

봄날에 찾아가면 금상첨화인 곳이 아중호수 공원이다. 봄의 전령인 버드나무가 호수를 물들이고, 매화, 산수유, 벚꽃이 무리 지어 피어나고, 쑥이며 냉이를 비롯한 온갖 봄나물들이 대지를 박차고 솟아오르는 봄. 봄을 맞으러 마실을 간다.

이성복 시인의 「봄날 아침」이라는 시 구절처럼 봄이 온다는데, 그 찬란한 봄에 찾아간 아중 호수는 더 할 수 없이 아름답다.

아중 호숫길을 걷다가 보니 《월든》의 작가 소로가 월든의 호숫가를 거닐며 쓴 글이 문득 떠오른다.

"기분 좋은 저녁이다. 이런 때는 몸 전체가 하나의 감각 기관이 되어 모든 땀구멍으로 기쁨을 빨아들인다. 자연의 일부로서 기묘한 자유로움을 느끼며 자연 속을 돌아다닌다. 구름이 끼고 바람까지 불어 쌀쌀하다. 나는 셔츠만 걸친 채 돌투성이 호숫가를 따라 걷는다. 특별히 시선을 끄는 것은 없지만 자연의 모든 요소가 내 마음을 사로잡아 유쾌하기 그지없다. 황소개구리들이 나팔을 불어 밤을 알리고, 쏙독새의 노랫소리가 호수에 잔물결을 일으키는 바람을 타고 들려온다. 바람에 살랑거리는 오리나무와 포플러나무 잎과 공명하며 나는 숨이 다 막힐 것만 같다."

아중 호숫가를 삼삼오오 무리 지어 걷거나 혼자서 상념에 젖어 걷는 사람들도 소로가 걸었던 월든의 숲에서 느낀 그런 생각을 하며 걷는 것은 아닐까? 인간의 마음은 시공을 초월하여 비슷하기 때문에 그럴 것이라고 생각하면서 걸어가는 그림처럼 펼쳐진 이 길을 신경림 시인의 시 한 편을 읊조리며 걸어간다면 행복하지 않을까?

'가볍게 걸어가고 싶다, 석양 비낀 산길을. 땅거미 속에 긴 그림자를 묻으면서. 주머니에 두 손을 찌르고 콧노래 부르는 것도 좋을 게다. 지나고 보면 한결같이 빛바랜 수채화 같은 것, 거리를 메우고 도시에 넘치던 함성도, 물러서지 않으리라 굳게 잡았던 손들도. 모두가 살갗에 묻은 가벼운 티끌 같은 것, 수백 밤을 눈물로 새운 아픔도, 가슴에 피로 새긴 증오도. 가볍게 걸어가고 싶다, 그것들 모두 땅거미 속에 묻으면서. 내가 스쳐온 모든 것들을 묻으면서, 마침내 나 스스로 그 속에 묻히면서. 집으로 가는 석양 비낀 산길을.'

전주시는 소중한 환경 자산인 아중 호수를 활용한 아중 호반 도시를 만들 계획이다. 승암산 중턱의 치명자산 성지와 동고산성의 후백제 별궁 터, 그리고 기린봉, 약수터, 아중 호수를 연결해 역사와 생태가 어우러진 산책로를 개발할 계획을 세운 것이다. 시의 계획처럼 아중 호반 도시가 조성될 경우 시민들을 위한 생태 공간, 휴식 공간이 제공되고 한옥마을을 찾는 사람들이 천년 고도 옛길을 걸으며 역사와 문화의 숨결을 느끼게 될 것이다.

"내 마음은 호수요, 그대 노 저어 오오"라는 노래를 읊조리며 걷는 아중 호숫길. 걸어봐야 안다. 이 길이 얼마나 아름다운 길인가를.

금상동 회안대군 묘에서
삼례대교까지 만경강 길

거리 및 소요 시간 : 9km, 4시간

코스 경로
전주시 금상동 회안대군 묘 → 소양교 → 농은리 → 진조리 →
신미산 → 삼례대교

전문가 : 한석희 (여행 작가)

흐르는 세월을 두고 사람들은 '화살처럼 빠르다'고도 하고, '강물처럼 흐른다'고도 한다. 그처럼 세월은 무상(無常)한 것이다.

"지금 생각할지어다. 인간들이여, 그대들의 갈 길을, 그대들은 이 무상의 시계를 사랑하고, 영원히 살 수 있다고 믿고 있다. 이 세상은 그렇게도 아름답게 그대들에게 보이지만, 그대들에게 주어진 세월은 오직 한 순간에 불과하다. 그대들은 오래 살길 원하지만, 죽음의 손에 맡겨져야만 될 몸이거니."

– 알레만의 〈메멘토 모리〉, 즉 '죽음을 생각하라'에 실린 글

세월이 흐름에 따라 사람도 오고 가고, 세상도 바뀌지만, 지명도 역시 바뀐다. 지금은 전주시 금상동으로 변한 금상리는 원래 전주군 용진면 금상리였다가 완주군 용진면 금상리로 바뀌었고, 다시 전주시 금상동으로 이름이 바뀌었다.

《전주 천년 고도 옛길》6코스는 아중 호수에서 금상동의 회안대군 묘를 지나 삼례대교까지 가는 길이다. 아중호수 공원을 지나 아중역을 지나고 수리재를 넘으면 전주시 금상동 법사동 마을에 이른다. 이 마을에 태조 이성계의 넷째 아들인 회안대군 이방간(懷安大君 李芳幹, 1364~1421)의 묘가 있다.

법사산 아래에 있으므로 법사메, 법수미, 금상이라 불린 이곳 금상리의 법사산 아래를 두고 이성계의 왕사였던 무학대사가 노서하전혈(老鼠下田穴)의 명당이 있다고 해서 법사산(法士山)이라고 이름을 지었다는 것이다.

법사산 자락에 있는 회안대군 방간의 묘는 법사산의 남쪽 자락 끝, 산세가 완만한 곳으로 주변이 잣나무 숲으로 둘러싸여 있다. 대군의 묘는 금릉부부인 김포 금씨(金陵府夫人 金浦琴氏)의 묘와 함께 앞뒤로 놓여 있는데, 일반적인 부부 묘와는 달리 부인 묘가 앞쪽에 있다.

묘역은 긴 장대석을 놓아 상계, 중계, 하계로 구분해 놓았으며, 묘의 아랫부

분은 대리석으로 테두리를 둘러 안정된 느낌을 주었다. 묘 앞에는 상석과 향로석이 있고 묘주의 왼쪽으로는 축문을 태우는 소전대(燒錢臺)가 배치되어 있다. 묘 아래 오른편으로는 회안대군의 일대기를 기록해 놓은 묘표와 석양, 문인석, 동자석, 망주석, 장명등이 세워져 있다. 2005년 12월 16일 전북특별자치도 기념물로 지정되었다.

이 묘지의 주인공 이방간은 정종 2년인 1400년에 왕위 계승을 둘러싸고 일어난 왕자 간의 싸움, 일명 방간의 난, 또는 박포(朴包)의 난이라고도 부르는 이 난의 주인공이다. 그 당시 1차 왕자의 난을 거치면서 이방원 일파에게 유리하게 바뀌어 이들이 정치적 실권을 장악했다. 태조의 넷째 아들 이방간 역시 왕위를 계승하려는 야심과 호기(豪氣)가 있었지만 동생인 방원에게는 미치지 못했기 때문에 항상 시기심과 불만에 가득 차 있었다.

지중추부사 박포의 밀고가 있었다. 그 뒤 방간이 동생인 방원에 대해 불평을 늘어놓자, 박포는 방원이 장차 방간을 죽이려 한다고 거짓 밀고했다. 방간

은 그의 말을 믿고 사병을 동원하였다. 방원도 곧 사병을 동원해 개성 시내에서 치열한 전투가 벌어졌고 방원이 승리했다. 두 사람은 체포되었고, 결국 방간은 토산으로 유배되었으며, 박포는 사형을 당했다. 이 사건으로 인하여 방원을 반대하는 세력은 거의 소멸되었으며, 방원의 정치적 세력은 더욱 강화되었다.

그 뒤의 상황이 이긍익이 지은 《연려실기술》에는 다음과 같이 실려 있다.

태종이 이숙번으로 하여금 방간에게 난을 일으킨 사유를 묻게 하니, 방간이 말하기를 "박포가 이르되, '정안군이 공을 보는 눈이 이상하오, 장차 변이 있을 것이니, 공은 마땅히 선수를 쳐야 합니다.' 하므로, 이에 박포를 국문하고, 공신인 까닭에 특별히 죽음을 면케 하여 매질해서 청해로 귀양 보내고, 가산을 몰수하고 자손들은 금고하였으며, 그 무리는 경중에 따라 형벌에 처하였다."조금 있다가 박포가 함주(咸州)에서 죽었는데, 그때 포가 말하기를 "한 달 더 살았으니, 임금의 덕을 많이 입었습니다." 하였다."

- 《야언 별집》

수많은 사건을 치르며 왕위에 오른 태종은 1418년 세종에게 양위하고 상왕으로 물러난 뒤 과거를 회상했다. 귀양살이 하는 형이 생각나서 한양으로 올라올 것을 요청했다. 그러나 회안대군은 거절하고 전주에서 20여 년을 계속 살다가 1417년 홍주(洪州: 현재 홍성)로 이치되었다. 세종 때에도 그의 죄가 문제시 되었지만 상왕과 세종의 관용을 받았고, 천명(天命)을 누리다가 1419년에 홍주에서 죽었다.

이 소식을 들은 태종은 슬픔을 금치 못하여 국장으로 장례를 치르게 하고서 지관을 보내 명당을 찾아 묘를 쓰도록 해주었다. 장사를 끝낸 뒤 태종은 지관을 불러 묘자리가 어떠냐고 물었다. 그때 지관이 대대로 군왕이 날 만한 자리라고 하자 크게 놀란 태종은 당장 맥을 끊으라고 명령했다. 지관은 용의 목에 해당되는 곳을 끊고, 맥이 살아나지 못하도록 불을 피워 뜸을 떴는데, 지금도 그 흔적이 남아 있다고 한다.

만경강 지류 소양천과 호성동

이런 역사적 사실이 남아 있는 금상동에는 재미있는 지명들이 많이 있다. 소리개재와 삼거리 사이에 있는 세미촌은 무학대사가 말을 씻긴 뒤 물을 먹였다는 곳이고, 삼거리는 삼천동 북쪽에 있는 마을로 세 갈래 길이 있어서 붙여진 이름이다. 삼천동은 가소리 동북쪽에 있는 마을로 샘이 세 개가 있기 때문에 삼천이라 부르고, 삼거리들 서쪽에는 광배 보가 있는데, 옛날 이부상서의 묘를 쓸 때 광대 놀이를 하였던 곳이라고 한다.

금상동 삼거리 마을에서 만경강의 지류인 소양천을 만난다. 길이가 약 25m인 소양천은 완주군 소양면 만덕산(萬德山, 762m)의 북쪽 사면에서 발원하여, 소양면 소재지 부근에서 송광사 앞을 거쳐온 오도천을 합류하고, 금상동과 호성동을 지나서 용진읍 상운리 터지내 앞 회포대교에서 고산천과 합류하는 하천이다.

소양천은 용진읍 구억리와 전주시 호성동 사이를 흐르는데, 호성동은 소양천이 성처럼 둘러서 흐른다고 해서 호성동이라고 지었다는 설도 있고, 소양천이 호수 같다고 해서 호수 호(湖) 자를 쓰고 이 지역의 큰 마을인 신성리의 성 성(城) 자를 따서 호성동이라는 설도 있다.

또 다른 설은 임진왜란 때 평양성을 수복하는 데 큰 공을 세운 이주가 호성군의 작호를 받았기 때문에 호성동이라고 지었다는 설이 있다.

이주는 할아버지 이번과 아버지 이광이 김식(金湜), 김정(金淨), 조광조(趙光祖)와 교유하면서 형성한 도학적 가풍 안에서 성장하였다. 1592년 4월 임진왜란이 일어난 뒤 충주 탄금대에서 팔도 대장군 신립의 패전 소식을 듣고 검찰사(檢察使) 이양원(李陽元)의 막하에 들어갔다.

이양원이 남병(南兵)이 이르지 않음을 걱정하자 전라도로 가서 의병을 모았다. 당시 전라도에서는 김천일, 고경명 등이 의병을 일으켰고, 이주는 4백 명의 의병, 면포 1,000필, 전마(戰馬) 50여 필을 얻어 백사림(白士霖)의 휘하에 들어갔다.

전쟁을 틈타 진도에서 이충범과 서몽린이 반란을 일으키자 이를 진압하고, 의주 행재소에 있던 선조에게 상황을 보고하였다. 그 뒤 평양성 전투에도 의병을 이끌고 활약하였고, 한양을 탈환하자 선조의 환도 길을 호종하였다. 이주는 선조 대에 호성군(湖城君), 정의대부(正義大夫)로 봉해졌고, 선무 일등 공신(宣武一等功臣)이 되었다.

이주의 묘소는 완주군 용진읍 상운리(上雲里) 행지산(行止山)에 있으며. 정조 17년인 1793년에 남원의 덕계 서원(德溪書院)에 배향되었다.

"난세에 영웅이 난다"는 말이 있다. 국난을 당했을 때 초야에 숨지 않고 나

선 이주와 같은 용기를 가질 수 있을까 생각하면서 소양천을 따라 내려간 곳에 초당 마을이 있다.

사거리 서쪽에 있는 초당 마을은 조선 영조 때 효행이 지극한 효자가 있어서 나라에서 지행당(至行堂)이라는 집을 지어 주었다고 하는데, 흔히 초당이라고도 한다.

전라남도 여수시 돌산읍에서 경기도 광주시 도척면에 이르는 국도 17번 국도가 통과하는 초포대교를 지난 소양천은 농은리에서 제법 넓고도 깊다. 농은리 서북쪽에는 한사월이라는 마을이 있는데, 이 마을에 세조의 아들인 덕원군 서(曙)의 증손인 오성군 이주의 묘가 있는데, 그의 호가 한촌(寒村)이라서 한사월이라는 이름이 붙여진 것이다.

한사월 마을을 지난 여정은 호성동 3가에 있는 숨멀 마을에 이른다. 용주리, 섬말, 도촌이라고 부른 용주리에는 예전에 배가 닿았다는 이야기가 남아 있고, 숨멀 서쪽에 있는 마을이 심동산 마을로 마을이 동쪽을 바라보고 있다.

소양천이 만경강을 만나기 전 제방 뚝에서 잠시 쉬는 사이에 달개비 꽃이 살포시 얼굴을 내민다.

달개비꽃이 준 깨달음

흔하면서도 바라볼수록 아름답고 고상한 꽃이 '달개비 꽃'이다. 물기를 머금은 습지나 물가에서 잘 자라고 지역을 가리지 않고 피어난다. 줄기가 마치 대나무같이 보이며, 다른 이름으로는 달개비, 압척초, 닭밑씻개라고 부른다. 닭장 근처에서 많이 자라기 때문에 '닭의장풀'이라고 부른다. 꽃의 모양이 닭의 볏을 닮았기 때문에 '닭의 장풀'이라는 이름을 붙였다는 이야기도 있다.

너무 흔해서 자세히 보는 사람도 별로 없는 이 달개비 꽃을 두고 황동규 시인이 아름다운 시 한 편을 썼다.

"달개비 떼 앞에 쭈그리고 앉아 꽃 하나하나를 들여다본다. 이 세상 어느 코끼리 이보다도 하얗고 이쁘고 끝이 살짝 말린 수술 둘이 상아처럼 뻗쳐 있다. 흔들리면 나비의 턱 더듬이 같은 수술! 그 하나에는 작고 작은 이슬 한 방울이 달려 있다. 혼처럼 박혀 있는 진노란 암술 그 뒤로 세상 어느 나비보다도 파란 나비! 금방 손 끝에서 날 것 같다. 그래, 그 흔한 달개비 꽃 하나가 이 세상 모든 꽃들의 감촉을.

상아 끝에서 물방울이 떨어져 풀잎 끝에서 꼭 한 바퀴 구르고 사라진다."

- 황동규 시인의 연작시집 《풍장》 58에 실린 시

이 시를 읽은 안도현 시인은 다음과 같은 글을 남겼다.

"근래 시인(황동규)은 어떤 시에서 달개비 꽃을 들여다보다가 거기서 코끼리의 얼굴 형상을 읽었다고 쓴 적이 있다. 나는 샘이 나서 실제로 달개비 꽃을 찾아 꽃잎 속을 들여다보았다. 그랬더니, 정말로 달개비 꽃잎 속에는 코끼리가 들어 있었다. (믿어지지 않으면 허리를 낮추고 가만히 꽃잎 속을 들여다보라.)!"

천상에 살고 있는 선녀가 노리개로 가지고 놀다가 이 지상에 떨어뜨린 것 인양, 앙증맞으면서도 상큼한 달개비 꽃이 아침 이슬 머금고 피어 있는 것을 본 사람은 알 것이다. 얼마나 놀라운 일인가. 작고도 작은 달개비 꽃이 설명할 수조차 없는 아름다움을 드러내 보이면서 무한한 상상력을 뭇사람들에게 부여하다니. 나는 그 꽃을 볼 때마다 미안함도 느끼지 않고 꺾고서 한참을 들여다보다가 가까이 있는 사람에게 건넨다.

"너무도 신기하잖아?"

그럴 때마다 떠오르는 글이 노발리스의 《푸른 꽃》의 몇 소절이다.

"식물은 토양의 가장 직접적인 언어야. 모든 새로운 잎사귀 하나, 모든 진귀한 꽃 한 송이는 땅에서 솟아오르는 그 어떤 비밀이라고 할 수 있어. 그 비밀은

너무나 많은 사랑과 기쁨에 돌아다니거나 말을 하지도 못하고 있다가 조용하고 말 없는 식물이 되는 거야. 외롭게 서 있는 그와 같은 한 송이 꽃을 보면, 그 주변의 모든 것들이 어딘가 그 모습이 바뀌어 있고, 날개 달린 조그만 소리들도 즐겨 그 곁에 머물러 있으려는 것 같지 않니? 그런 걸 보면 너무 기뻐서 울고 싶단다. 세상에서 멀리 떠나 손과 발을 땅에다 박고 뿌리를 내린 채 그 행복한 곳에서 떠나고 싶지 않은 거지. 사랑의 이 신비스러운 푸른 양탄자는 매년 봄마다 새로 깔리지, 그리고 거기에 적힌 글씨는 동방의 꽃다발처럼 그 양탄자를 사랑하는 사람만 읽을 수 있어."

사람도, 자연도 그렇다. 매일, 매 순간 만날지라도 어느 순간에 의미를 부여했을 때 새로운 관계가 정립되는 것이다. 그러나 인간을 포함한 모든 자연이 다 그러하듯이 다 저마다의 영역이 있고, 그 영역을 존중할 때 변치 않는 신뢰 속에서 새롭게 쌓이는 인연의 두께가 더해지지 않겠는가?

만경강의 품으로

천천히 걸어가는 이 강변에 달개비 꽃만 피어 있는 게 아니다. 지천에 널린 망초 꽃, 달맞이 꽃, 며느리밑씻개, 네 잎 클로버 등등, 그 모든 꽃들도 그 나름대로의 이야기를 품은 채 오고 가는 사람들을 바라보고 있을 것이다.

숨멀 마을 그 지척에 있는 마을이 신중리다. 서주리 동남쪽에 새로 들어선 신중 마을을 지난다. 하오 마을과 용진읍 상운리 사이에서 소양천은 고산천과 만나며 만경강이 되는데, 저 건너편 상운리의 들판이 터진내 들이고, 그 들판 가운데 마을이 신만주 마을이며, 만경강을 가로지른 다리가 에코시티와 완주 삼봉 지구를 연결하는 회포대교다.

"황하의 물은 하늘에서 내려온다."

지당한 말이면서도 얼마나 놀라운 발상인가? 이 글은 중국의 역사 속에서 시선(詩仙)이라고 일컬어지는 당나라 때의 시인 이백의 시 한 소절이다. 한 방울 물에서 비롯되어 수많은 지류를 받아들인 뒤 바다에 이르는 강의 발원지가 중요하다는 상징성을 말하는 것이다.

전라도에서 발원해 바다로 가는 강은 여러 개가 있다. 장수읍 신무산 뜸봉샘에서 시작해 군산의 서해로 흐르는 강이 천리 길 금강이고, 진안군 백운면 신암리 상초막골에서 비롯해 광양시 진월면 망덕포구로 오백삼십 리를 흐르는 강이 섬진강이다. 그리고 완주군 동상면 사봉리 밤티 고개 아래에서 발원해 김제시 진봉면 심포로 흐르는 강이 만경강이다.

다른 강들이 그럴듯한 발원지인 샘이나 못에서 시작되는 것과 달리 만경강은 완주군 동상면 사봉리 깊숙한 골짜기 질척질척한 땅의 밤샘에서부터 시작된다. 만경강의 경(頃) 자는 '백이랑 경' 자로, 크고 넓은 들이란 뜻이다. 김제 지역에서는 이 넓은 들을 '징게맹경 외애밋들'이라고 부르는데, 곧 김제만경 평야를 말한다.

사봉리를 떠난 시냇물은 오지 중의 하나였다가 지금은 사람이 살 만한 곳으로 여겨 귀촌자들이 몰려드는 동상면을 지나 대아저수지에 이른다. 고산을 지난 만경강은 앞대산, 소양천, 전주천, 비비정, 춘포와 목천포 다리, 청하, 새창이 다리를 굽이굽이 돌아 진묵 스님의 자취가 서려 있으며 일몰이 아름다운 절망해사에 이른다. 지금은 바다가 아닌 새만금을 바라보고 있다. 98㎞ 사행 하천이었다가 일제 때의 직강화로 인해 82킬로미터로 줄어든 만경강의 하구는 김제시 진봉면과 군산시 회현면 사이다. 호남 평야의 젖줄이 되는 만경강은 그렇게 서해 바다를 향해 그침 없이 흐르고 있다.

이 강의 본류만을 놓고 보면 고산천이 전주시 호성동 부근에서 소양천을 만난 후, 전미동과 고랑동 사이에서 세내 및 가리내와 합류한 전주천을 만나서 만경강으로 거듭난다. 원래는 강의 길이가 98km였는데 일제 때 사행천을 직선화하면서 강이 줄어들어 지금은 84km로 줄어들었다고 한다.

두 개의 물줄기가 만나서 두물머리, 한자로는 양수리가 되어 더 넓어진 강물 옆에 자리 잡은 마을이 전주시 전미동의 은평 마을이다. 본래 완주군 초포면 지역이었다가 1957년 11월 6일 전당리와 미산리를 전주시에 편입하면서 전미동이라는 이름을 얻었다. 전미동의 은평 마을은 전당리 북쪽에 있는 마을이다. 전당리 남쪽에는 전당리 방죽이 있었고, 강가에 인접한 마을이 진조리 마을이고, 강 건너 삼례읍 신탁리의 만석리는 만석 부자가 살았다고 해서 지은 이름이다.

진조리 마을 강둑에서 유유히 흘러가는 강물을 보면서 강이란 무엇인가 생각했다.

'강(江)'은 한자 '江'의 음으로 '수(水)'와 '공(工)'이 합쳐져 형성된 문자다. 보통 명사가 아니라 '장강', 곧 '양쯔강'을 가리키는 고유 명사였다. 양쯔강이 흐르며 내는 물소리 곧 '꿍꿍(工의 고음)'을 본떠 만든 의성어가 '강'이었는데, 후에 일반적인 강을 가리키는 보통 명사가 되었다. 또한 '가람'은 '갈래진 것'을 의미하기 때문에 물줄기의 갈래가 모여 흐르는 것을 의미하였다.

강은 또한 이쪽과 저쪽을 구분 짓는 경계선을 상징한다. 그래서 선인들의 의식 속에 있었던 '강 건너 불구경'이나 '강 건너 호랑이'라는 말은 강이 지시하는 기리만큼 나와는 상관없다는 뜻을 나타낸 말이었다. 그리고 '강은 건너가 봐야 안다', '강물은 위로 흐르지 않는다'는 말은 순리를 거슬러서는 안 된다는 말이었다.

우리 선인들은 꿈에 강을 보면 길조라고 하였다. 꿈에 강과 모래를 보면 문장이 더하고 강물이 집안으로 밀려들면 대길하다고 하였다. 이처럼 사람들의 삶과 떼고 싶어도 뗄 수 없는 관계를 가진 "강은 어디에선가 시작되어야 한다. 강의 시작은 모든 곳의 시작을 의미한다."라고 말한 미국의 시인 W.C. 윌리암스의 말처럼 강은 인류에게 가장 소중한 자연의 선물이다.

한국을 대표하는 강이 압록강, 두만강, 낙동강, 한강, 대동강, 금강, 섬진강, 예성강, 용홍강, 영산강 등인데, 연암 박지원의 극진한 친구였던 홍대용의《회우록》에 물에 대한 글이 다음과 같이 실려 있다.

"사람으로서 물을 보면 사람이 귀하고, 물이 천하지만, 물로써 사람을 보면 물이 귀하고 사람이 천하다. 하늘이 보면 사람이나 물이 마찬가지다. 무릇 경계가 없는 까닭에 거짓이 없고, 깨달음이 없는 까닭에 하는 것도 없다. 그렇다면 물이 사람보다 훨씬 귀하다."

홍대용이 사람보다 훨씬 귀하다고 평한 물이 흐르는 강가에서 어느 날 문득 깨달음을 얻은 이야기가 독일의 작가이자 시인인 헤르만 헤세의《싯다르타》에 실려 있다.

언젠가 싯다르타는 이렇게 물었다. "당신 역시 강에게서 그 비밀을 배웠소? 시간이란 존재하지 않는다는 비밀을 말이오." 그러자 바스데바의 얼굴은 밝은 미소로 가득 찼다. "그렇소, 싯다르타. 당신이 말하고자 하는 것은 이런 것이겠지요. 강이란 어디에서나 동시에 존재한다는 것, 원천에서나 하구에서, 폭포에서나 나루터에서, 급류에서나 바다에서, 산에서나 어디에서나 동시에 존재하며, 강에는 오직 현재만이 있을 뿐 과거의 그림자나 미래란 없다는 것, 그런 것이겠지요?" 한 번은 우기를 맞아 강물이 불어나서 세차게 흐를 때였는데, 그때 싯다르타는 이런 말을 했다. "친구여, 강은 여러 가지 소리를 갖고 있군요! 무척이나 많은 소리를 말이오. 강은 왕자의 목소리, 전사의 목소리, 황소의 목소리, 밤에 우는 새의 소리, 산모의 목소리를 갖고, 또한 그것은 탄식하는 자의 목소리가 아닐까요? 그리고 그 밖에도 다른 수천의 소리를 갖고 있는 게 아닐까요?" 바스데바는 고개를 끄덕였다. "그렇소. 강물의 소리 안에는 삼라만상의 목소리가 다 깃들여 있지요."

그가 강가에서 배운 것은 기다리는 것과 참는 것과 귀를 기울이는 것이었다.

현대인들에게 가장 부족한 것, 그 세 가지를 통해 깨달음을 얻은 싯다르타는 다음과 같이 술회한다.

"세상을 꿰뚫어보고 세상을 경멸하는 건 위대한 사상가가 할 일이다. 나한테 중요한 것은 단 하나, 세상을 사랑할 수 있다는 것, 세상과 나와 모든 존재를 사랑과 경탄과 경외심으로 관찰할 수 있다는 것이다."

강물은 그런 것이다. 소리 없이 흐르다가 느닷없이 폭포를 만나고 여울을 만나면서 소리치며 흐르다가 또다시 잠잠해지면서도 그 흐름을 멈추지 않고 바다를 향해 달려가는 강물은 그런 것이다. 말없음으로 말을 전하며 말있음으로 말을 전하면서 흐르고 흘러가면서 온 세상을 이롭게 하는 것이 강이다.

《푸른 꽃》의 저자 노발리스는 다음과 같은 절창을 남겼다.

"강은 풍경의 눈이잖아요."

옛사람들은 "자연을 따르고 자연의 이치에 맞게 행동하라"고 말하였고 노자는 "만물은 자연스레 생성한다" 하였다. 또한 공자는 흘러가는 물을 바라보며 "물이여! 물이여!"하고 감탄하였다. 맹자의 제자인 서벽이 "공자께서는 무엇 때문에 그토록 물을 찬양하는 것입니까?"하고 물었다. 이때 맹자는 "근원이 풍부한 물은 밤낮을 가리지 않고 흘러 나와서 멀리 바다로 들어간다. 그러나 근원이 없는 작은 도랑 같은 것은 7, 8월에 큰비가 내리면 넘쳐흐르다가도 비만 그치면 곧 말라 버린다. 그것은 근원이 없기 때문이다. 공자는 그 물의 근원이 풍부한 점을 취한 것이다. 물의 근원이 풍부해야만 그 물이 마르는 일 없이 언제나 흐를 수가 있는 것과 마찬가지로, 도에 있어서도 그 근본이 확립되어야만 공용이 무궁무진한 것이다. 실속 없는 명성은 실로 부끄러운 것이다. 근원이 없는 물처럼 곧 진상이 드러나게 마련이다.”라고 말하였다.

생태학자들은 조그만 하천에다 보를 막는 것조차도 자연에 대한 인간의 간섭이기 때문에 자연 생태계를 파괴하는 것으로 보고 있는데, 오늘날 대다수의 사람들은 어떠한가. “낮은 곳으로 임하소서”는 영화 제목만으로 남아 있고 낮은 곳으로 흐르는 물과는 정반대로 높은 곳으로만 치닫고 있으니…

이곳 전미동 남쪽에 신도시 에코시티가 들어서서 새로운 도시를 만들었는데, 그 자리에 있던 군부대가 옮겨가고 놀랄 만큼 커다란 변화의 물결에 휩싸였으니, 상전벽해가 아닐 수 없다.

이제 만경강은 전미동 1가를 흐르고, 전미동 일대에 펼쳐진 평야가 전미 평야고, 전미동에서 삼례읍 하리를 연결하는 하리교를 지난다. 저 건너편 하리에 조선 시대에 조세를 받아들여 보관하였다가 서울로 올려보내던 창고가 있어서

조샛, 조사리, 창뜸이라고 불렀다는데, 아무런 흔적도 남아 있지 않다.

전미동에 있는 미산리는 본래 전주군 회포면의 지역으로 군 산천인 미산이 있으므로 지어진 이름인데, 숨멀 북쪽에 있는 신미산은 새로 들어선 마을이라 신미산이라고 부른다. 전미동의 월평리는 주정리 남쪽에 있는 마을로 들판에 있는데, 지형이 달 모양이라고 부른다. 이곳 월평리에서 호성동 송전리로 넘어가는 고개를 장고개라고 부르는데, 옛날에 차편이 없을 때는 이 고개를 넘어 전주 시내로 장을 보러 다녔다고 한다.

무근들이라고 부르는 진기 마을을 지나며 전주천이 만경강에 합류하는 두물머리를 만난다. 임실군 관촌면 슬치에서 발원하여 상관면을 지나고 전주시의 중심지를 남동쪽에서 북서쪽으로 관통하여 흐르고 서신동 추천(湫川)에서 삼천(三川)과 합류한다. 도심 속의 생태 하천으로 복원되었으며 남천교, 싸전다리 등이 있다. 《신증동국여지승람》(전주)에는 전주천을 남천(南川)으로 표기하고서 "부의 남쪽 3리에 있다. 현 임금 4년에 내를 막고 돌을 쌓으

니 길이가 6천 자나 되었다. 남천의 근원은 여현(礪峴)에서 나오는데 부의 동남에 이르러 성을 둘러 북으로 가련산을 지나 추천이 된다.”라고 기록하고 있는 전주천은 서신동에서 삼천과 합류하여 이곳 전미동과 고랑동 사이에서 만경강으로 들어간다.

전주시 고랑동은 본래 전주군 조촌면 고랑리였다. 지형이 호랑이처럼 생겼으므로 호랑이라고 하던 것이 변하여 고랑리가 되었는데, 강가에 인접한 곳에 삼화 마을과 해바라기 마을이 있다.

만경강과 전주천이 합류하는 지점 만경강 길은 봄이면 봄마다 숲을 이루는 벚꽃 터널이 그림과 같다.

“얼마나 이상한 일인가, 벚꽃 아래 이렇게 살아 있다는 것은.”

벚꽃 사이 삼례교 너머에 비비정이 그림처럼 서 있다. 저 정자는 옛길 삼남대로가 이어진 길목인 횡탄과 사천 나루 사이에 있는 구릉에 세워져 있어서 수많은 길손들이 쉬어갔던 곳이다. 조선 시대인 1573년(선조 6)에 최영길(崔永吉)이라는 인물이 세웠으며, 1752년(영조 28)에 관찰사 서명구(徐命九)가 중건하여 관정(官亭)이 되었다. 지금의 비비정은 사라지고 없던 것을 최근에 다시 세운 것이다.

만경강의 벼랑에 세워진 정자인 비비정(飛飛亭) 아래 한내에는 전주 팔경의 하나인 대천파설이 있었다. 한여름에 눈빛같이 시원하게 부서져 내리는 물결과 가을 달밤에 갈대꽃이 핀 모래 벌에 사뿐히 내려앉는 기러기 떼가 그것이었다.

지금은 사라졌지만 강 뚝의 머리바위에 있던 비비정에 올라 굽어 내려다보면 배꽃같이 날려 천 쪽 만 쪽 부서져 내리던 달빛의 정경이 눈부시게 아름다웠다고 하며, 저녁이면 모래 벌을 끼고 고기잡이 불을 밝힌 채 게를 잡던 풍경은 한 폭의 산수화를 연상시켰다는데 이미 그것은 옛일이다.

조선 시대에는 비비정 아래까지 서해의 바닷물이 들어와 소금을 실은 배들이 출입했던 곳이고, 예전에는 장기 나루가 있어 배를 타고 강을 건넜다는데 지금은 배가 사라진 지 오래라서 배가 있을 리 없다.

삼례읍 남동쪽에 자리 잡은 하리는 '창뜸'이라고 불렀으며, 조샛 마을(조사리)까지 배가 들어와서 조세(租稅)를 받아 쌓아 둔 세곡을 실은 뒤 서해를 거쳐 한양으로 갔다고 하며 나그네들 역시 하리에 있던 '사천 나루'에서 배를 타고 한양으로 갔다고 한다.

맛이 좋기로 소문이 자자해서 참게 다리 하나면 고봉 밥을 비웠다던 참게도 사라지고 천렵꾼들도 사라져 버린 한내의 물줄기는 실핏줄처럼 흘러 만경강이 되어 서해로 합류한다.

강의 최고의 덕목은 겸손이다. 낮은 곳으로, 낮은 곳으로만 흐르고 흘러서 화엄의 바다로 들어가는 것이 강의 노정이다. 그 강을 따라서 바다로 가고 싶지 않은가?

황방산,
시인의 발자취를 따라

거리 및 소요 시간 : 6km, 3시간

코스 경로
팔복동 추천대 → 서곡 황방산 (순환) → 서고사 → 서곡

전문가 : 박수자 (시인, 여행 작가)

서고사[寺]에서 참회록을 쓰다

전주하면 한옥마을이 떠오른다. 나는 가을에 전주향교에 가서 은행나무를 바라보는 낭만을 즐긴다. 아름드리 은행나무 노란 잎이 바람을 타는 나비처럼 날아오르는 모습은 장관이다. 이때쯤이라고 하고 가도 초록의 은행나무를 만날 때도 있지만 늘 변화하고 고정되어 있지 않다는 자연의 시간 앞에 겸허해진다. 무엇보다 혼불 문학관이 있는 전주는 나의 성소다. 글을 왜 쓰는지, 돈도 명예도 주어지지 않는 글을 붙잡고 있는 내가 한심하고 무력하게 느껴질 때 최명희 문학관을 찾아 온종일 머물다 오기도 한다. 혼불의 한 문장 "나무의 높이는 뿌리의 깊이다"를 새기며 돌아온다.

서고사를 찾아 황방산에 오르면서 또 한 사람 시인 기형도를 알게 되었다. 시인의 요절, 그것을 소환할 때마다 기억은 겨울 매운바람에 얼굴을 맞듯 얼얼하다. 안타까움과 신성함을 동시에 느끼게 하는 감정이다

전주 황방산은 전라북도 전주시 완산구에 있는 낮은 산으로 해발 217m로 등

산 초보자도 쉽게 오를 수 있는 적합한 코스다. 나무테크로 시작하는 길을 정 갈했다. 황방산은 단풍나무가 많아서 가을이면 울긋불긋 찬란한 길이 전개되 는 숲이다. 운동하는 시민들의 발걸음이 계속 이어지는 잘 정비된 길이다. 종 종 맨발로 걷는 사람도 있다.

　한창 산을 찾아 자주 오르내리던 40대, 새벽 산행에 큰나무 둥치에 배낭을 진 채로 누워있으면 '아 이대로 생을 마감해도 후회나 미련이 없겠다는 생각'을 헤 르만 헤세의 산문집에 빠지고부터 자주 했다. 나무를 아름답고 사실적으로 묘 사한 사람이 바로 헤르만 헤세였다.

"나무는 내게 언제나 제일 정교한 설교자이다. 나무가 대중이나 가족을 이루 고 살아갈 때 그리고 숲이나 삼림 속에서 살아갈 때 나는 그들을 존경한다. 그 러나 그들은 따로따로 서 있을 때 돋보인다.

　그들은 고독한 사람과 같지만 어떤 잘못 때문에 슬쩍 도망친 은둔자 같은 존 재가 아니라 베토벤이나 니체 같은, 위대하면서도 고독한 그런 인물이다.

　가느다란 나뭇가지 속에서는 세계가 살랑이고 그들의 뿌리는 무한無限속에 서 휴식을 취한다.

　하지만 그들은 그곳에서 자신을 잃어버리는 것이 아니라. 생명이 갖는 온갖 힘을 다해 단 하나만을 이룩하기 위해 애를 쓴다. 그들 내부에 도사린 법칙을 완수하고 자신의 참된 모습을 세우며 자신을 표현하기 위해, 아름답고 튼튼한 나무보다 더 신선하고 지혜로운 것은 없다. 나무 한 그루가 톱에 잘려 그의 벌 거벗은 죽음의 상처가 햇빛에 드러나면, 그의 묘비墓碑가 되는 셈인 그 표면에 서 그가 거쳐 온 역사 전부를 읽을 수가 있다."

　곳곳에 설치된 벤치들. 올라가다 보니 검은 운동모자가 벤치에 놓여있다. 나 도 이쯤에서 앉아 가기로 했다. 조금 전 내 앞을 스치듯 먼저 걸어간 젊은 여자 것인지? 벤치에 쉬고 있는 평계를 만들었다. 하늘로 죽죽 뻗은 나무들 사이 우 듬지가 만들어 내는 틈이 있는 하늘을 긴 적하기로 했다. 모자의 주인일 거라고 예상한 젊은 여자가 모자를 쓴 채 벤치 앞을 지나간다.

당신은 안다.
이 새들처럼
이 나무에서 저 나무로
날아갈 수 없음을
당신은 안다.

- 자끄 프레베르 의 <절망은 나무 벤치 위에 앉아 있다> 중에서

시누대가 무성한 길을 지나 휴식을 위한 벤치, 정자, 운동기구, 이정표가 잘 갖춰져 있다. 정상으로 오르는 길은 약간의 오르막이다. 황방산 정상을 중심으로 남단에는 서고산성이 있었다 한다. 후백제 시대 견훤이 축조한 성이다. 정상에는 여의송계 기념비가 있다. 고인돌 위에 구멍을 파서 그 위에 비를 세웠다. 소나무 숲을 지키기 위하여 계를 만들어 관리한 사람들의 이름이 새겨져 있다. 이 안내판에 황방산에 관한 유래가 적혀있다. 황방산은 전주의 북서쪽이 공허하여 지기[地氣]가 빠져나갈 수 있고 재앙이 숨어들어올 수 있다 하여 황방산의 방 자는 두둑할 방[枋]자가 아니라 삽살개 방[尨]자를 써야 옳다고 적혀있다.

전주 서고사. 황방산에서 계속 가파른 내리막을 내려가면 고찰이 보인다. 새로 지은 건물을 지나 안으로 들어가면 극락보전, 나한전과 낮은 요사채가 보인다. 후백제 견훤이 전주에 도읍을 정하면서 동서남북 각각 동고진, 서고진, 남조진, 북고진을 두었다. 각 진에는 사찰을 지어 나라의 군사적 방어와 백성에게 든든한 정신력의 교화까지 함께 갖추게 했다. 서고진에 세운 절이 서고사다. 여러 번의 화재와 6.25 한국전쟁을 거치면서 불타버려 지금의 현존하는 서고사는 1989년에 세워진 것이다

일찍이 전주시인 이병초는 '황방산의 달' 시에서 1960년대부터 21세기가 오기까지의 전주의 변화를 1998년 연작시로 '황방산의 달'을 발표하였다.

1바람이 불 때마다 아카시아꽃이 눈처럼 쏟아졌다

　1963년 전주에서 태어나 우석대 국문과를 졸업한 시인은 전주 토박이 사람
이다. 어릴 때 서고사를 드나들기 위해 황방산을 오르내리던 유년의 기억과 전
주천에 사는 참게가 사라지고 고향이 개발이라는 핑계로 변해가는 모습을 시
에 담고 있다. 시인은 황방산에 관한 시를 다른 작품에서도 자주 썼다. 시인
은 일관되게 입말과 지역어를 복원하면서 적극적으로 시대에 밀착하고 있다.

　저그가 바로 풍수책에도 적혀있다는 황방매월
　저그가 바로 물만 찰랑찰랑헐 만고 명당이라는디

산을 오르는 중에 두 개의 고인돌을 만났다. 200m가 넘는 산 정상 가까이 고인돌이 있다는 게 신기했다. 어떤 힘 있는 사람의 무덤인지 궁금했다, 거대한 바위를 완전 반으로 갈라놓은 자연의 힘, 벼락의 위력을 실감했다. 문득 벼락 치는 밤길에서 살려만 주면 신부로 평생 수도사의 길을 약속한 〈마틴 루터〉가 생각났다. 정말 경이로운 건 도토리나무가 고인돌을 감싸고 생존하는 장관을 보았다. 살기 위해 나무가 바위를 감싸 안아버린 일이다. 도토리나무에 숙연함을 느꼈다. 잠시 숨을 멈췄다. 연약한 나무가 바위를 안아서 서로 생명을 보존하는 절박한 동행이다.

황방산 정상에서 보면 정여립로가 보인다. 조선 시대 사상가이자 대동계를 만들어 계급 없는 이상적 세상을 꿈꾸었던 그를 기억한 지명이다. 정상을 돌아 나오다 아래로 내려가는 길에 서고사를 찾았다. 수십 개 계단으로 이어지는 길이 내리막에선 편하겠지만 올라올 걸 생각하니 아찔하다. 안내 팻말에 적힌 서고사를 미끄러지며 찬찬히 내려갔다. 시인 기형도를 만나기 위해서다. 그는 누

구인가? 서른, 짧은 생을 살고 가도 사람들은 그를 기억한다. 그는 이곳 서고사에서 무엇을 질문하고 어떤 마음에 들고 갔는지 시인을 불러내고 싶다.

시인은 1960년 태어나 1989년 삶을 마감했다, 그럼에도 그의 시는 지금도 애송되고 있고 교과서에도 실려 청소년부터 장년의 어른까지 애독자는 넓은 팬층을 가지고 있다. 현실을 많이 반영해 리얼리즘의 시라고도 하고, 기형도 시인의 표현을 빌리면 "추상이나 힘겨운 감상의 망토를 벗지 못한 성숙하지 못한 시"라고 스스로 평했다.

기형도의 상처 근원은 어떤 것일까? 유년과 소년 시절의 상처는 가난이다. 그의 첫 번째 시집이자 유고집인 〈입속의 검은 잎〉에는 가난의 상처가 군데군데 얼굴을 드러낸다.

아무리 천천히 숙제해도
엄마 안오시네, 배추잎 같은 발소리 타박타박

- 기형도, 〈엄마걱정〉 중에서

위의 두 시를 위의 살펴보더라도 시인의 유년의 쓸쓸함과 현실의 냉기를 짐작하고도 남는다.

시흥초등학교 당시 부친은 마을의 개발에 앞장서고 농사를 지어 성실하게 가정을 꾸려 유복한편이었다. 시인이 9살 때 부친의 뇌졸중으로 병석에 눕는다. 그때부터 가세가 기울어 모친이 가계를 꾸려 나간다. 모친은 시장으로 나가 집에서 기르던 콩나물과 열무를 팔고 큰 누나는 공장으로 나간다.

시인과 동시대를 살았던 사람은 가정방문이란 게 참 곤혹스러운 사생활이 드러나는 행사였다. 가정방문에는 선생님만 오는 게 아니고 그 날 방문할 아이들이 한꺼번에 다 몰려다닌 기억이 있다. 집에 가 봤자 부모님이 있는 것도 아니고 시인의 난감함이 짐작하고도 남는다, 자전거도 타지 않고 백 장이나 돌린 게 신문이 아니었나 짐작만 갈 뿐이다. 시인은 그 날 밤 상장을 종이배로 접어 개천에 띄워 보낸다.

그러나 시인은 현실을 있는 그대로 수용한 것 같다. 부정만 했으면 이렇게 서정성을 내포한 시를 쓰진 못했을 것이다. 쉬운 언어로 담담하게 진술의 형식을 취한 시에 독자가 먼저 시인의 슬픔에 젖는 공감을 끌어오는 시다. 시인은 시에서 희망을 노래한다. 둑방에 핀 패랭이꽃이 모두 꽃씨를 달고 있다고 말한다. 마당에 있던 미루나무가 거대한 빵처럼 부풀고 있다고 독자에게 끝내 희망을 말하고 있다.

두 번째 시인의 상처는 이별이다. 당시 고등학교 2년이던 셋째 누이가 불의의 사고로 죽음을 맞이한다. 이 사건이 시인에게 깊은 상혼을 남긴다. 이때부터 시를 쓰기 시작한다,

또다시 은비늘 더미를 일으켜 세우며
시간이 빠르게 이동하였다

-기형도의 <나리 나리 개나리> 중에서

신림중학교와 중앙고등학교를 수석으로 졸업한 시인이 연세대 정치법대에 입학하였다. 교내문학 동아리 '연세문학회'에 입회하여 본격적인 문학수업을 시작한다. 소설로 대학 문학상을 받고 방위병으로 입대하여 전역하고 나서 윤동주 문학상을 받고 졸업하여 중앙일보에 입사한다. 85년 동아일보 신춘문예에 시로 당선된다.

이 읍에 와본 사람은 누구나 거대한 안개의 강을 거쳐야 한다.

- 기형도의 <안개> 중에서

절제된 시어 속에 슬픔이 행간마다 이어지는 시다. 그러면서도 사회문제, 즉 노동현장의 모습이 안개 속에 가려지는 문제로 제시된다. 안개로 대변되는 소외의 현장과 진실이 왜곡되는 현실을 아프게 꼬집는 시. 그래서 문학성과 사회비판. 두 개다 성공한 시로 평가되었다. 신춘문예 당선 시 중에서도 뛰어난 시로 문단에 조명을 받는 시인이 된다.

시인은 정치부에서 문화부로 옮기면서 왕성한 문학 활동을 이어간다. '시 동인' 문단 선후배와 출판 관련 인사들과 활발한 교류를 하며 87년 여름에 짧은 유럽여행을 다녀온다. 하지만 젊음이 축복만은 아니지 않은가? 젊음은 때론 격정적 사랑을 휘몰아 주기도 하지만 느닷없이 오는 이별도 감수하게 하지 않는가? 이별은 시인에게 상처를 남기지만 뛰어난 시도 쓰게 한다.

사랑을 잃고 나는 쓰네
잘 있거라, 짧았던 밤들아

- 기형도의 <빈집> 중에서

이 세상에 같은 사람은 없네그토록 좁은 곳에서 나 내 사랑 잃었네

- 기형도의 <그 집 앞> 중에서

나의 생은 미친 듯이 사랑을 찾아 헤매었으나
단 한 번도 스스로를 사랑하지 않았노라

-기형도의 <질투는 나의 힘> 중에서

특히 질투는 나의 힘은 젊은이들이 애송하는 시가 되었다. 질투가 타인에게 어떤 해악도 주지 않으면서 시인에게는 오히려 시인을 견디게 해주는 힘이 되었다는 정체성의 고백이자 생존법인을 말하고 있지 않은가?

시인은 1988년 여름 휴가철을 이용해서 대구와 전남지역을 홀로 여행하고 여행기를 남겼다. 〈기형도 산문집 ―짧은 여행의 기록/ 도서출판 살림/1990년 3월〉 첫날 시인은 대구에서 장정일 시인을 만나 맥주를 마시고 왜 전주를 가느냐고 묻는 말에 절이 있어서 간다고 대답한다. 시인은 장정일 시인에게 고통의 윤곽을 조금 말했다고 쓰여 있다. 전주 가는 길이 더위와 어젯밤 혼자 잠 못 이루어 몹시 피곤한 상태였다.

시인은 그때의 심정을 이렇게 적고 있다. '나는 이제 다르게 살고 싶다. 그러면 모든 굳은 체념들이 살아날 것이다. 어차피 존재들은 유한하다만 인식의 바꿈을 통해 나는 두 배의, 아니 그 이상의 삶을 살 수 있다'

전주에 6시 도착하여 강 선생 ―〈소설가 강석경〉을 만난다. 수박 한 덩어리와 복숭아, 그리고 담배를 몇 갑 사서 택시를 타고 서고사에 도착한다. 비구니 주지 스님과 상좌스님, 절에 사는 소녀와 대학생 청년과 인사를 나누고 강 선생 하고는 화가 박생광 이야기, 소설 〈가까운 골짜기〉 이야기를 나누었다. 글 감옥을 사는 소설가 강석경을 만나고 싶었나 보다.

종교에 관한 이야기를 많이 나눈 밤이었나 보다. 가식과 욕망을 없애고 진실을 향해 가는 삶을 이야기할 때 시인은 그것을 행복, 자기 구원으로 깊이 인식되어서 감동했다고 글에서 피력하고 있다. '욕망과 망집이 없는 평정된 삶은 어쩌면 불행한 삶일 것'이라고 피력함으로써 의심이 많은 자 특유의 '혼란과 쟁투, 근심에의 탐닉을 통한 유한자로서의 생 읽기' 의 버릇을 드러내고 말았다고 고백하고 있다.

시인이 서울을 무조건 떠나고자 한 여행의 마음이 무엇이었는지 서고사의 강 선생과의 대화, 비구니 스님과의 이야기 속에 나와 있다. 속세와 욕망, 구원의 문제, 자기 구원은 어떻게 속세에서도 이루어 나갈지 시인은 삶의 근본적 물음에 직면하고 싶었으리라. 대웅전 옆방에서 비빔국수를 먹고 강 선생이 사는 방의 나한상 모신 곳에서 바로 위쪽에서 언젠가 귀신 소리를 들었다는 이야기를 나눈 만남이었다.

나는 그 계단에 앉아 얼추 백 년은 넘을 듯한 팽나무를 보며 잠시 쉬었다. 대웅전과 나한상이 있는 곳 보다, 높은 현대식 건물과 나무로 지은 지 얼마 되지 않는 신축 요사채에 가려진 두 건물을 돌아보았다. 청춘답게 근원적 질문이 있고 서고사를 찾은 시인과, 그때 이곳에 상주하고 있었던 강석경 소설가를 생각했다.

당시 유행했던 노동 시와 민중시의 흐름에 휩쓸리지 않고 우울한 심정 그대로를, 아니면 유예된 죽음의 언어를 시로 썼던 시인의 고뇌를 따라 가보면 이해가 되는 글들이 산문집 곳곳에 포진해 있다. 시인은 가족력처럼 뇌졸중에 대한 공포심이 있었던 게 아닐까? 실제 1984년 6월 2일 친구에게 보낸 편지에 보면 지하철을 타고 오는데 살기를 느꼈다고 적고 있다. 갑자기 심장이 터질 것 같아 신도림역 의자에 쭈그리고 앉아 있었다고 기술하고 있다.

'나는 아득히 내 아는 이들의 얼굴을 생각하고 천천히 허공을 향해 호명했다.

말은 나오지 않았다.' 시인은 또 창작의 어려움을 '나의 문학은 영원히 튜닝으로 끝날지도 모른다'라고 토로하고 있다.

　시인은 짧은 여름 여행을 마치고 이 시를 썼다. 서고사에서의 일박은 시인에게는 엄청난 심정의 변혁을 가져 왔다고 본다. 내가 얼마나 내 생에 얼마나 불성실했던가, 생을 내버려 뒀고 그 방기를 즐겼던가를 서고사 일박을 통해 깨달았다'라고 적고 있다. 전주 터미널에서 강 선생과 헤어지면서 말했다고 한다.

　내 여행이 '지칠 때까지 희망을 꿈꾸기' 위해서였다면 노트에 적힌 HOPE는 내 의지를 돕고 있었다. 나는 죄인이다. 나는 앉아서 성자 되기를 기다렸다. 그러나 그 누구도 나에게 경배하러 오지 않았다. 오히려 내 육체에 물을 묻히고 녹이 슬기를 기다렸다. 서울에서의 나의 행복론은 산산이 조각나고 있다. 내가 거듭 변하지 않는 한 아무것도 변하지 않을 것이다. 거듭 변하기 위해 나는 지금의 나를 없애야 한다. 그것이 구원이다.'

　시인은 서고사의 하룻밤 여행에서 참회록을 썼다. 시인은 인식의 전환 방법

을 알아챘다고 본다. 그래서 시인은 계속 쓰는 자가 되었다. 29살에 육체의 소멸에 들었지만, 그는 영원히 사는 길을 간 것이다. 전주 황방산과 서고사. 시인 기형도를 나는 이제야 만난 것 같다. 팽나무는 성스러운 존재이다. 그들과 이야기를 나누고 그들의 이야기를 알아듣는 사람은 진리를 안다,

29살의 기형도, 그는 총명했고 수줍음이 많았고 형편은 가난했다. 누구나 선망하는 시 '안개'로 신춘문예 당선자다. 신문사의 기자로 현실과 타협하면 그럭저럭 서울에 사는 중산층의 삶이 보장된 사람이다. 그런데 그는 대구에서 시인 장정일을 만나고 해결되지 않는 질문을 안고 전주에 왔다. 무엇이 시인을 이끌었을까? 도시의 삶에 진저리를 치고 숨 막히는 회사 업무에 쓰고자 하는 욕망을 간직한 채 어려운 휴가를 내고 전주를 왔다.

서고사에 와서 소설가 선배에게 '삶에 성실하지 못했고, 삶을 저버렸으며, 그 저버림을 기꺼워했다'라고 고백한다. 29살 시인이 하는 이 통한의 고백에 나는 뒷머리가 선듯했다. 이 이후 시인은 광주를 찾아 망월동에 가고, 이한열 아들을 잃은 어머니를 만나고 순천, 부산을 거쳐서 서울로 돌아온다.

그는 이 여행을 목적이 있겠다고 말하지만, 편의상 '희망'이라고 말하지만 권태로움을 벗어나기 위한 철저한 자기를 들여다보기 내지는 안이한 자신을 향한 철퇴를 구하는 여정이었다고 생각한다.

우리는 모두 자신을 속일 수 있다.

어디로 가고 있는지, 무엇을 내버려 두고 있는지, 결코 자신을 속일 수는 없다. 시인 기형도 또한 자신이 이미 성취한 그것에 안주하는 자신을 타파하기 위해 어려운 여행을 나선 것 같다.

80년대를 거친 젊은이들의 무력감과 불안이 기형도 시인에게도 비껴가지는 않았다. 그가 참여시와 순수시를 같이 아우르는 지평을 세운 것만 봐도 감지된다. 절망의 시대에 희망을 노래하는 일이 어디 쉬운가? 시대에 대한 부채의식. 그도 피해 갈 수 없었다. 시인이 짧은 여행에서 "망월동 공원묘지 제3 묘원은 찌는 듯이 무더웠고 그것은 고의적인 형벌 같았다"

광주를 떠나가며 "나는 무엇인가, 가증스러운 냉담자인가, 나에게 있어 국토란 무엇인가. 내가 탐닉해온 것은 육체 없는 유령의 자유로움이었다"라고 고백한다.

시대의 방관자란 비겁함은 나에게도 크나큰 부채다. 89년 망월동을 찾았을 때도 묘들만 있고, 하나같이 띠를 심은 묘가 아닌 민둥 묘였다. 중학생의 묘 앞에 노란 참외가 놓여있었는데 그 강렬함은 해마다 여름이면 내 눈을 찔러댄다. 갔다 온 지 며칠 지역 신문에 몇 자 글을 썼더니 경찰서 정보과에서 전화가 왔다. " 거기 왜 갔냐고?"

최루탄 가스는 몇 번 흡입하고 구멍마다 물은 쏟아냈지만 역시 시대 정신에는 부끄럽다. 아이 낳고 키운 걸 가지고 다 상쇄되는 건 아니라는 마음에 늘 빚쟁이다. 시인도 이런 마음이 아닐까? 그저 짐작할 뿐이다.

시인은 이 짧은 여행 이후 산문집과 시들을 토해 내듯이 발표하였다. 어쩌면 이 땅의 시인으로 살아감도 자기의 길이라고 터득한 건 아닐까?

요즈음 나의 고민은 글을 발표하지 못한다는 거다. 지인들은 한결같이 책 언제 나오느냐 궁금해한다. 나 또한 이런 나를 결단성 없다고, 게으르다고 몰아부치기도 한다. 때마다 사건이 생겨 나를 분노케 한다거나, 혐오감에 치를 떨다 우울 모드로 시간을 보내고 있다. 그러나 요 며칠 사이 크게 생각이 바뀌었다. 책에 대한 과도한 욕망은 타인에게 나를 증명하기 위한 수단에 불과 하다는 걸 알았다.

나는 나를 잘 다듬고 유혹에 의연한 좋은 삶을 사는 게 급선무 다는 생각이 나에게 와 주었다. 나를 사랑하고 내게 너그러우며 부지런히 나를 가꾸는 시간을 가져야 함을 발견한 것이다.

29살의 기형도 시인이 '나는 이미 늙었다' 고 자신을 향해 싸움을 선전포고 했듯이 나는 이미 늙고 늙고 늙었다. 그럼에도 나도 나에게 싸움을 건다. 외부의 시선에서 욕망을 멈출 것 그리고 인정할 것, 자유를 향한 늦은 걸음도 걸어야만 하리.

가장 위대한 잠언은 자연 안에 있다. 집 앞 개천에 철 늦은 장미에 감사, 아직 걸을 수 있는 내 다리에도 축복을, 나는 유명 작가보다 인식의 변화. 기형도의 희망처럼 좋은 삶을 살고 싶다.

삶을 방기하지 말 것. 가끔 서고사 팽나무를 보러 가야겠다. 노을이 지면 더 좋을 듯.

삼천천 물길 따라 흐르는
전주의 시간

거리 및 소요 시간 : 7km, 3시간

코스 경로
추천대 → 서신동 → 우림교, 삼천교

전문가 : 유철상(한국여행작가협회 회장)

전주는 느리게 흐르는 시간 속에서 고즈넉한 아름다움을 만끽할 수 있는 곳이다. 기와지붕이 끝없이 이어진 한옥마을은 전주의 심장과도 같다. 처마 밑으로 스며드는 햇살을 따라 걷다 보면, 켜켜이 쌓인 세월의 흔적을 느낄 수 있다. 고요한 골목길을 걷다 만나는 돌담은 낮은 목소리로 옛이야기를 들려주는 듯하고, 담장 너머로 피어난 꽃들은 소박한 아름다움을 더한다.

전주의 밤은 또 다른 낭만을 선사한다. 은은한 달빛 아래 한옥은 더욱 깊은 정취를 자아낸다. 조용히 불을 밝힌 한옥 숙소에 앉아 밤하늘을 올려다보면, 도시의 소음은 잊히고 마음은 평화로워진다.

맛의 고장 전주에서 음식은 단순한 끼니를 넘어선 예술이다. 정갈하게 차려진 백반 한 상에는 어머니의 손맛과 넉넉한 인심이 담겨 있다. 갓 지은 밥에 고소한 콩나물국밥 한 그릇, 혹은 육회 비빔밥 한 숟갈은 혀끝을 넘어 마음까지 따뜻하게 채워준다. 막걸리 한 주전자를 놓고 나누는 이야기 속에는 진솔한 웃음꽃이 피어난다.

전주 여행은 빠르게 흘러가는 일상에서 잠시 멈춰 서서 나 자신을 돌아보는

시간이 된다. 고즈넉한 한옥의 정취 속에서, 맛있는 음식으로 허기진 마음을 채우고, 잊고 지냈던 여유와 낭만을 되찾을 수 있다. 전주에서의 시간은 여행자의 마음속에 오래도록 깊은 여운을 남긴다.

전주의 서쪽 끝자락에 그윽한 능선이 부드럽게 흘러내리는 어머니의 산 모악산이 있다. 모악산은 전주 사람에게 단순한 산이 아니다. 예로부터 '모(母)' 자가 들어간 이 산은 생명의 산, 어머니의 산으로 불렸다. 산세는 험하지 않으나 깊고 유려하며, 능선은 부드러워서 사람들을 안아주는 품 같다. 조선 시대 이전, 이곳은 미륵신앙의 중심지였다. 모악산 정상 근처에 있는 '금산사(金山寺)'는 백제 법왕 때 창건되었다고 전해진다. 미륵불이 장차 세상에 내려와 고통받는 중생을 구제할 것이라는 신앙은 고려와 조선 시대까지도 이 지역 민중들의 삶을 지탱해주는 정신적 기둥이었다. 그만큼 모악산은 오래도록 전주 사람들에게 특별한 장소였다.

삼천천의 시작과 물의 탄생, 생명의 숨결

모악산의 북서쪽 능선에서 떨어진 물 한 방울이 있었다. 그 물방울은 어느 작은 바위 틈에서 터져 나왔다. 햇살을 맞고, 풀잎에 기대며, 돌 위를 미끄러지듯 흘렀다. 그게 바로 삼천천의 시작이다. 삼천천은 지도에 보면 별다른 표시도 없는 '소하천'으로 보일 수도 있다. 하지만 그 물줄기를 따라가다 보면, 작은 실개천 하나가 어떻게 전주의 풍경과 생태, 역사를 만들어냈는지를 실감하게 된다. 구이면의 깊은 골짜기에서 태어난 물은 낮은 마을로 스며들듯 흘러간다.

구이초등학교 뒷편을 지나고, 구이도서관 옆을 감돌다가, 조용히 농경지로 몸을 풀어내며, 마을 곳곳을 적신다.

옛날에는 아이들이 이 물길을 따라 맨발로 걷곤 했다. 고무신을 벗어 발등에 걸고, 멧돼지가 내려오지 않기를 바라며 산속을 걸어 다녔다. 여름엔 다슬기를 삽고, 봄이면 버들강아지가 눈을 깨웠다. 삼천천은 그렇게 구이의 삶과 엉켜 있

었다. 이 물이 없었다면 밭은 타들어갔을 것이고, 논은 말랐을 것이며, 사람들은 마을을 떠나야 했을지도 모른다.

중인동 주변 마을은 지금도 작은 마을이지만, 그 안에는 오래된 씨줄과 날줄이 숨어 있다. 산에서 내려온 사람들이 논으로 들어서고, 평야에서 올라온 물자들이 산마을로 가는 길목. 그래서 구이에는 다양한 사투리가 섞여 있었고, 풍속도 다양했다. 지금도 구이면 마을회관이나 정자 밑에서는 어르신들이 옛날이야기를 한다. 호랑이를 본 이야기, 일제강점기 때 수탈당한 쌀을 나르던 열차이야기, 그리고 6.25 때 산을 넘어 피난 내려오던 사연까지. 그 이야기들이 삼천천 물소리와 함께 귓가에 울린다.

지금의 구이면은 도시의 확장에 밀려 조금씩 변해가고 있다. 하지만 여전히 삼천천의 물은 흐르고, 그 물을 따라 걷는 사람들이 있다. 자전거를 타고, 산책을 하고, 혹은 그냥 한가롭게 물끄러미 바라보는 이들. 어쩌면 그 물을 바라보는 눈동자 속에는 구이의 옛날 소년, 소녀가 살고 있을지도 모른다. 고무신을

벗어 발등에 걸고, 수풀 속으로 뛰어들던 그 아이들처럼.

그리고 물은 지금도 말없이 흐른다.

"나는 그때도 여기에 있었고, 지금도 여기에 있어."

물이 도시를 품다, 삼천동의 사계

삼천천은 구이에서 시작되어 전주의 남쪽, 삼천동에 이르러 그 물결을 넓히기 시작한다. 여기서부터 물은 사람을 품는다. 논과 밭을 적시던 농경의 물이, 도시의 물로 바뀌는 시점. 삼천동은 그 경계의 첫 번째 마을이었다.

'삼천(三川)'이라는 이름. 세 개의 내(川)가 만나는 물길이라는 뜻이다. 실제로 삼천동은 삼천천, 전주천, 용머리천이 서로 갈라졌다 다시 만나는 지점에 위치해 있다. 하지민 또 다른 해석도 있다. 산천리 강산 중, 가장 물이 고운 땅이라는 뜻에서 '삼천'이라 불렀다는 말. 그만큼 이곳은 물이 많았고, 물이 좋았고, 물과 가까웠다. 예부터 삼천동은 전주 남문 밖, 남고산과 효자동을 끼고 남쪽 평야로 이어지는 교통의 요지였다. 장에 가는 사람도, 객사에 볼일 보러 가는 이도, 이 물길을 따라 걸었다.

삼천천에는 예전엔 '빨래터'가 있었다. 지금처럼 세탁기가 없던 시절, 삼천동 아낙들은 삼삼오오 모여 다듬잇돌을 들고 천변으로 나왔다. 두 손을 걷어붙이고 바위에 쿵쿵 빨래를 치던 그 소리는, 물소리와 어우러져 하나의 음악이 되었다. 빨래를 마친 후엔 아이들의 차지였다.

돌을 밟으며 물속으로 들어가 다슬기를 잡고, 돌 밑을 헤집으며 피래미를 쫓았다. 깊은 여울에서는 냉수마찰을 했다. 할머니들은 "이 물에 손 담그면 겨울 감기 안 걸려" 하시며 아이들을 담그셨고, 아이들은 몸을 부르르 떨며 깍깍 웃었다. 그 물이 바로 삼천천이었다. 사람들은 그 물에서 일을 하고, 놀고, 삶을 씻어냈다.

논길 위에 아파트가 들어서다

1980년대에 들어 삼천동에도 변화의 바람이 불었다. 전주 시내의 확장이 남쪽으로 내려오면서, 논밭이 하나둘씩 아파트 단지로 바뀌기 시작했다. 삼천초등학교 주변으로 빌라와 아파트가 생겼고, 그 옆으로 도로가 넓어졌다. 그 중심에는 삼천천이 있었다. 어느 순간부터 하천은 아이들의 놀이터가 아니라, 아파트 사이의 경계선이 되었다. 하천을 따라 울타리가 쳐지고, 그 위로 도로가 생겼다. 하지만 삼천천은 여전히 그 자리를 지키고 있었다. 도시가 바뀌고, 사람의 삶이 달라져도, 물은 말없이 흐르며 계절을 옮겼다.

봄_벚꽃 아래를 흐르다

삼천천이 가장 아름다운 계절은 봄이다. 봄이 되면 천변을 따라 길게 늘어진 벚나무들이 꽃을 터뜨린다. 그 벚꽃길은 삼천동을 대표하는 풍경이 되었고, 많은 이들이 이 길을 걷기 위해 모여든다. 벚꽃은 물위로도 흘러내려 온다. 물 위를 타고 흐르는 꽃잎은 어린 시절 종이배를 띄우던 기억과 겹쳐진다. 삼천천은 그때도, 지금도 삶의 작은 무대다. 노부부는 손을 잡고 걷고, 아이들은 자전거를 타며 웃고, 젊은 연인들은 셀카를 찍으며 시간을 저장한다.

여름_물속을 기억하는 계절

여름의 삼천천은 숨을 쉬는 물의 계절이다. 비가 많이 오면 급격하게 물이 불고, 하천의 모래사장이 사라졌다 다시 나타난다. 삼천동 주민들은 그걸 '하천이 숨 쉰다'고 표현했다. 예전에는 여름철 홍수로 하천이 범람하곤 했지만, 지금은 제방이 잘 정비되어 위험은 줄었다. 그러나 그 와중에도 물고기 떼가 거슬러 올라오고, 수달이 발견되며, 살아 있는 하천임을 보여주곤 한다. 여름 한낮의 삼천천은 자전거와 걷는 사람들의 천국이다. 삼천동에서 서신동으로 이어지는 천변 산책로는 도시에서 가장 아름다운 녹색 회랑이다.

가을_은빛 억새와 기억의 소리

가을이 되면 삼천천의 풍경은 다시 바뀐다. 벚꽃길은 잎을 떨구고, 그 자리에 억새와 갈대가 은빛으로 물든다. 물빛도 깊어진다. 햇빛이 기울수록 천변에 앉아 있는 이들의 그림자도 길어지고, 사람들은 그 속에서 지난날을 반추하곤 한다. 삼천동 어르신들은 가을이면 꼭 천변으로 산책을 나온다. 허리에 손을 얹고, 때로는 벤치에 앉아 "이 자리엔 옛날에 다랑논이 있었지"라며 옛일을 떠올린다. 그 기억은 바람에 실려 물속으로 스며든다.

겨울_물의 언어로 말하는 강

겨울, 삼천천은 잠시 침묵한다. 얼음이 살짝 내려앉고, 새들의 발자국이 남는다. 그 고요 속에서 우리는 물의 언어를 들을 수 있다. 삶의 격류 속에서도, 이 물길만은 자신만의 속도로 흐른다. 사람이 급해도, 도시가 바빠도, 물은 멈추지 않고 스스로의 시간을 간다. 삼천동의 겨울은 삼천천의 고요와 함께 온다. 아이들은 눈을 뭉쳐 던지고, 어르신들은 모자를 푹 눌러쓴 채 손을 비비며 걷는다. 그리고 물은 말한다.

"나는 너희를 다 알고 있다. 너희가 흘러왔던 길, 너희가 살아온 계절."

물이 도시를 품을 때

삼천천이 삼천동을 지난다는 건, 단순한 지리적 흐름이 아니다. 그것은 도시가 물을 품고, 물이 사람을 감싸안는 구조다. 삼천동이라는 지역은, 그 물길을 따라 성장하고, 변하고, 기억을 남겼다. 그 기억은 지금도 물 위를 떠다니고 있다. 어쩌면 그건 어린 시절 뛰놀던 한 아이의 웃음소리일 수도 있고, 빨래터에서 노래를 부르던 아낙의 허밍일지도 모른다.

삼천천은 도시의 한가운데를 흐르지만, 도시의 외곽과 중심, 과거와 현재를 동시에 흐르는 강이다. 그 물을 바라보면, 우리는 도시가 아닌 사람을 본다. 사람이 살아온 시간을, 계절을, 그리고 그 안의 마음을.

물이 도시를 품은 삼천동과 효자동 경계에 전주기접놀이전수관이 있다. 전주 기접놀이는 전라북도 전주시 삼천동과 평화동 일대에서 시작된, 농기(農旗)를 중심으로 펼쳐졌던 흥겹고 역동적인 민속놀이다. 이 놀이는 '전주계룡리 합굿' 또는 '용기(龍旗)놀이'라고도 불리는데, 그 유래는 농사의 가장 고된 시기였던 마지막 논매기가 끝나는 백중(음력 7월 15일)에 농민들의 수고를 위로하고 풍년을 기원하기 위해 벌였던 마을 공동체의 축제에서 찾을 수 있다. 일제 강점기에는 민족문화 말살정책에 의해 놀이가 중단되는 아픔을 겪기도 했지만, 1974년 풍남제에서 재현된 것을 계기로 오늘날까지 전승되어 오고 있다.

전주 기접놀이의 가장 큰 특징은 '용기(龍旗)놀이'다. 용이 그려진 크고 화려한 깃발인 '용기'를 앞세워 마을의 힘과 단결력을 과시하는 것이 이 놀이의 핵심. 놀이꾼들은 이 거대한 깃발을 높이 들고, 마치 파도타기를 하듯 흔들거나 역동적인 기춤을 선보이며 관람객들의 탄성을 자아낸다. 또한, 단순히 깃발만 겨루는 것이 아니라, 여러 마을이 모여 함께 어우러지는 '합굿(습굿)'의 성격을 띠고 있어, 농악, 보리대춤, 농요 등 다양한 연희가 함께 펼쳐지는 종합적인 대동놀이라는 점에서도 의미가 크다. 이 놀이는 마을 간의 건강한 경쟁을 통해 협동심을 다지는 동시에, 모두가 함께 어울려 화합하는 공동체의 정신을 보여준다.

전주기접놀이의 보존과 전승을 위해 세워진 전주기접놀이전수관은 방문객들이 이 전통문화를 직접 체험하고 배울 수 있는 소중한 공간이다. 이곳에서는 전주 기접놀이의 웅장하고 역동적인 공연을 직접 눈으로 보며 감동을 느낄 수 있다. 단순히 관람에 그치지 않고, 직접 놀이에 참여하는 체험 프로그램도

마련되어 있다.

　참가자들은 장구, 북, 소고와 같은 전통 악기를 직접 다루어보고, 기접놀이의 기본적인 기놀이 동작을 배워볼 수 있다. 이러한 체험을 통해 우리 고유의 민속놀이가 가진 흥과 멋을 몸소 느낄 수 있다. 특히 여러 참가자들이 함께 악기 연주와 기놀이 동작을 연습하여 하나의 합동 공연을 만들어보는 프로그램은 단순한 체험을 넘어, 공동의 목표를 향해 협력하는 즐거움과 성취감을 안겨준다. 이처럼 전수관은 전주 기접놀이의 역사를 배우고, 그 정신을 체험하며, 전통문화를 더욱 가깝게 느낄 수 있는 특별한 기회를 제공하고 있다. 방문을 원한다면 사전에 전화 또는 전주시청 누리집(홈페이지)을 통해 자세한 일정과 접수 방법을 확인하는 것이 좋다.

효자동, 전주 정신의 꽃이 피다

　전주에 사는 사람이라면 한 번쯤 효자동을 지나게 된다. 누구는 이곳에 살고, 누구는 학창시절을 보내고, 누구는 부모님을 모시기 위해 찾아온다. 효자동은 이름부터가 전주다웠다. 전주는 조선왕조의 뿌리를 지닌 도시고, 그 도심 가장 남쪽에 위치한 이 동네는 전주의 정신, 유교적 전통, 그리고 한 가족의 윤리와 질서를 상징하는 '효(孝)'라는 이름을 갖고 있었다.

효자동이라는 이름은, 단순한 행정 명칭이 아니라 조선 후기부터 존재하던 전통 마을의 유래에서 비롯되었다. 전주부성 남쪽 외곽, 남고산 아래에 자리한 마을로, 조선 후기 지리지에는 '효성 깊은 가문들이 살던 마을'이라 기록되어 있다. 효자의 집 앞에는 정려각이 세워졌다.

지금도 효자동 일대에는 조선시대 효행비와 정려비각이 남아 있는데, 그중 일부는 삼천천 가까운 마을 길 옆, 조용한 골목 속에서 나무처럼 서 있다. 이 지역은 또한 선비들이 모여 살던 '유향소'의 흔적이 남아 있는 곳이다. 향약과 예절, 가문의 질서를 중시했던 이 지역 사람들은, 물길 옆에서 조용히 살아가며 자녀를 가르치고 이웃을 돌보며 마을 공동체를 지켜왔다. 삼천천은 그 모든 이야기의 곁을 흐르고 있었다.

마을과 강_삼천천이 감싼 터전

효자동은 삼천천과 마주 보고 있다. 서편의 삼천1동, 삼천2동, 삼천3동을 사이에 두고, 효자동은 동쪽의 편안한 구릉지에 자리 잡았다. 이곳은 본래 전주의 수해를 피하기 위해 지형적으로 안정된 고지대였고, 지금도 효자동의 중심 가는 도로보다 약간 높게 형성되어 있다.

그 언덕에서 바라보는 삼천천은 마치 흐르는 거울처럼, 마을의 시간을 비춘다. 옛날엔 이곳에서 삼천천을 따라 논이 펼쳐졌고, 도랑을 넘으면 바로 들판이었다. 아이들은 개울을 따라 숨바꼭질을 하고, 가을이면 고구마를 캐러 나섰다. 지금은 그 자리 위에 학원과 학교, 아파트가 들어섰지만, 물길은 여전히 그 곁을 조용히 지켜보고 있다.

효자동은 전주의 학풍이 자란 교육의 중심지

효자동이 주목받는 이유 중 하나는 전주의 교육 중심지이기 때문이다. 삼천천과 맞닿은 이 지역은 유교적 전통에서 출발하여, 근현대 교육의 거점으로 발전해왔다. 전주의 대표적인 고등학교, 전주고와 전일고, 완산중, 효문여중 등이 효자동과 삼천동 일대에 모여 있었고, 수많은 학생들이 삼천천을 건너 등교를 했다.

봄이면 시험을 앞둔 고3 학생들이 삼천천 벤치에 앉아 햇살을 쬐며 문제집을 들여다보고, 겨울엔 노란 패딩을 입고 발을 동동 구르며 친구와 약속을 기다리곤 했다. 그 시절, 삼천천은 그저 풍경이 아니라 학창시절의 기억 그 자체였다. 또한 학부모들은 삼천천을 따라 등하교길을 걸으며 자녀의 미래를 걱정하고, 도서관 옆 벤치에서 김밥을 까먹으며 삼천천 물소리를 들었다. 그 물소리는 오늘도 같은 자리에 있다.

효자동의 아침은 조용하지만 활기차다. 출근하는 이들이 도로를 가로지르

고, 학부모들이 아이 손을 꼭 잡고 유치원으로 향한다. 그 옆, 삼천천 산책로를 걷는 사람들은 전날의 피로를 털어낸다. 특히 삼천천을 따라 조성된 산책로는 효천로와 서곡로 사이를 이어주는 중요한 녹색 축이다. 이 길을 따라 걷다 보면, 도시의 소음은 점점 잦아들고, 효자동의 오래된 벽화와 담장들이 눈에 들어온다. 그 담장 위, 어쩌다 핀 들꽃 한 송이가 삼천천을 향해 고개를 돌리고 있는 모습은 도시 속 자연, 사람 속 여유를 상징하는 한 장면이 된다.

마을의 맛과 정, 골목의 향기, 국밥의 기억

효자동은 또 하나, 전주 음식의 향기가 가득한 곳이다. 삼천천을 끼고 형성된 골목에는 오래된 순댓국집, 설렁탕집, 김밥천국까지 다양한 음식점이 세대의 입맛을 지켜왔다.

시장통에서 시작된 국밥집은 여전히 영업 중이고, 밤 11시까지 영업하는 치킨집은 수험생과 직장인들의 쉼터가 된다. 이 골목의 음식은 단순한 식사가 아니라, 삶의 리듬을 맞춰주는 박자 같은 역할을 했다. 물소리와 함께 국밥 냄새가 퍼지고, 빵집에서는 따뜻한 우유와 함께 수험생을 위한 초코케이크가 준비된다. 삼천천은 그 모든 일상의 풍경을 말없이 지켜본다.

도시가 점점 팽창하면서, 효자동도 고층 아파트와 대형 마트, 프랜차이즈 상권으로 채워졌다.

하지만 그 와중에도, 이 동네는 '효'를 지킨다. 경로당과 작은 마을회관, 골목마다 박힌 '효자 ○○씨의 공덕비', 그리고 초등학교 운동장 한쪽에 남아 있는 오래된 느티나무. 그건 이 지역이 사람을 잊지 않는 도시임을 보여준다. 가족을, 이웃을, 그리고 물길을 기억하는 마을. 삼천천의 물은 그 곁을 흐르며 말없이 말한다.

효자동에 속해 있는 전북도청 신시가지는 2005년 전북도청이 완산구 효자동2가로 이전하면서 개발이 본격화되었다. 이선 전에는 논과 밭이 대부분이었

던 농촌 지역이었으나, 도청 이전에 맞춰 행정기관과 상업 시설, 주택이 들어서며 신도시로 탈바꿈했다. 삼천천은 예로부터 전주 시민들의 생활 터전이었으며, 신시가지 개발과 함께 생태하천으로 복원되어 자연과 사람이 공존하는 공간이 되었다.

삼천천 걷기 코스 추천

삼천천을 따라 걷는 코스는 도심 속에서 자연을 느끼기에 좋다. 편안하게 걸을 수 있도록 잘 정비되어 있으며, 구간별로 다른 풍경을 감상할 수 있다. 이 코스는 삼천천의 풍부한 물길과 푸른 숲을 따라 걷는 구간이다. 둔치에 조성된 산책로는 평탄해서 남녀노소 누구나 걷기 좋습니다. 특히 이른 아침이나 해 질 녘에 걸으면 아름다운 풍경을 감상할 수 있다. 길을 따라가다 보면 간간히 보이는 철새들과 맑은 물고기를 보며 자연의 활기를 느낄 수 있다.

삼천천 둔치길과 백제교로 이어지는 코스는 신시가지의 현대적인 풍경과 삼천천의 자연 풍경을 동시에 볼 수 있는 코스다. 삼천1교에서 출발하여 백제교를 건너 삼천동 쪽으로 이동하면, 고층 아파트와 빌딩들이 강을 따라 늘어선 모습을 볼 수 있다. 삼천교 부근에는 작은 공원과 벤치가 있어 잠시 쉬어가기 좋다.

삼천천은 사계절마다 다른 아름다움을 선사한다. 봄에는 벚꽃이 만개하여 벚꽃 터널을 이루고, 여름에는 짙은 녹음이 시원한 그늘을 만들어준다. 가을에는 단풍이 곱게 물들어 운치를 더하고, 겨울에는 눈 쌓인 하천변이 고즈넉한 풍경을 자아낸다. 삼천천 주변에는 자전거 도로도 잘 정비되어 있어 자전거를 타는 사람들도 많다. 전북도청 신시가지 쪽으로는 다양한 맛집과 카페들이 있어, 걷기 후 식사를 하거나 차 한잔의 여유를 즐길 수 있다.

서신동, 기억의 고름을 따라 걷다

전주 서신동은 과거에는 농경지가 주를 이루었지만, 현재는 주거와 상업 시설이 발달한 현대적인 도시 지역으로 변모했다. 삼천천은 과거부터 현재까지 서신동의 중요한 자연 경관이자 생활 공간의 역할을 해왔다. 1970년대 이전의 서신동은 논과 밭이 넓게 펼쳐진 전형적인 농촌 마을이었다. 당시 주민들은 주로 농업에 종사하며, 삼천천은 농업용수와 생활용수를 공급하는 중요한 역할을 했다. 제방 시설이 제대로 갖춰지지 않아 장마철에는 종종 범람하여 농경지에 피해를 주기도 했다. 마을을 가로지르는 길은 좁고 비포장된 도로가 대부분이었다.

1980년대부터 서신동은 급격한 도시화 과정을 거치며 모습이 크게 달라졌다. 주택난 해소를 위해 아파트 단지가 대규모로 들어섰고, 상업 시설과 편의 시설이 확충되면서 주거와 상업이 공존하는 현대적인 주거 밀집 지역으로 바뀌었다. 서신동은 전주 내에서도 교육 환경과 생활 편의성이 우수하여 주거 선호도가 높은 지역입니다. 다양한 아파트 단지와 주택가가 밀집해 있다. 롯데백

화점, 이마트 등 대형 상업 시설과 함께 다양한 상점, 식당, 병원 등이 들어서 있어 주민들의 편의를 높이고 있다.

덕진동과 팔복동, 산업화 이후의 유산을 품다

더화로는 전주의 새로운 랜드마크로 주목받고 있는 복합문화공간이다. 과거 군사기지였던 지역이 예술과 상업, 그리고 커뮤니티가 융합된 공간으로 재탄생하며 전주의 도시 문화 트렌드를 이끌고 있다. 삼천천의 끝자락, 전통과 현대가 맞닿는 지점에서 '더화로'는 새로운 이야기를 만들어간다.

더화로가 자리 잡은 지역은 과거 공공시설이 밀집해 있던 곳으로, 대형 창고와 군수물자가 이동하던 철도 기반 구조물들이 존재했다. 이 건축물들은 철거되지 않고 리모델링을 통해 현재의 복합공간으로 재탄생되었다. 도시재생의 모범 사례로 손꼽히는 이유도 여기에 있다.

이런 점에서 더화로는 전주의 '산업화의 흔적'과 '문화도시로서의 미래'를 이어주는 브릿지라 볼 수 있다.

예술과 상업, 커뮤니티의 공존

더화로에는 다양한 문화 프로그램이 운영된다. 예술가들의 팝업 전시, 소규모 공연, 독립 서점과 커피 브랜드들이 입점해 있으며, 가족 단위 방문객을 위한 쉼터와 체험 공간도 마련되어 있다. 도심 속 복합 문화마을로서의 면모를 보여주는 대표적 사례이다.

특히, 삼천천변과 자연스럽게 연결된 외부 공간은 계절마다 다양한 행사와 플리마켓, 예술마당으로 활용되며, 지역 주민과 외부 방문객 간의 소통의 장으로 작용한다. 더화로는 단순한 쇼핑몰이나 복합상업시설이 아니다. 이곳은 삼천천의 과거, 팔복동의 산업화, 그리고 전주 도심의 문화 콘텐츠들이 만나는 지점에 자리한다. 이는 과거 도시계획에서는 보기 드물었던 흐름이며, 도시 재생이라는 측면에서 더없이 중요한 사례로 평가받는다. 도시와 마을, 사람과 기억이 뒤엉켜 있는 이곳에서 우리는 단순한 소비가 아닌 삶의 일부로서 '공간'이라는 개념을 다시금 되새기게 된다.

주천대, 합수의 풍경과 신성한 기억

전주 삼천천과 전주천이 만나는 곳인 주천대(楸川臺)는 풍류를 즐기던 명소이자 역사적인 의미를 담고 있는 곳이다. 아담하고 고풍스런 정자에서 바라보는 전주의 두물머리 풍경은 마음이 뻥 뚫리는 경관을 자랑한다. 이곳은 예로부터 전주 사람들이 '합수(合水)의 명당'이라 불렀던 곳으로, 물길이 하나로 만나는 지점이자 풍수지리적으로 길지(吉地)로 여겨져 왔다.

주천대는 전주천과 삼천천이 합류하여 '추천(楸川)'이라는 이름의 하천을 이

루는 곳에 있습니다. 이곳은 인간의 손길이 닿지 않은 본래의 자연 경관을 잘 간직하고 있다. 도시 속에서 생태하천의 아름다움을 느낄 수 있는 곳으로 꼽힌다. 특히 하천변에 버드나무 군락이 무성하게 자라 운치 있는 풍경을 자아내며, 계절에 따라 다양한 야생화가 피어나 아름다움을 더한다. 맑은 물에는 수달이나 쉬리 같은 1급수에서 사는 생물들이 돌아와 생태 복원의 성공 사례로도 알려져 있다. 이 정자는 원래 고려시대 문신인 이선(李選)이 은거하며 풍류를 즐기던 곳으로, 그의 호를 따서 '추탄대(楸灘臺)'라고 불리기도 했다. 훗날 그의 후손인 이정호가 1899년(대한제국 광무 3년)에 정자를 다시 세우고 '주천대(楸川臺)'라 이름 지으면서 그 역사적 의미를 이어나갔다. 지금은 그 자리에 김동봉, 오서파, 임유후 등 세 현인의 유허비가 남아 당시 선비들의 풍류와 학문을 기리고 있습니다.

주천대라는 이름은 조선시대 유생들이 이곳에서 시를 읊고 술을 마시며 풍류를 즐겼다는 데서 유래했다. 삼천천과 전주천이 만나는 합수 지점은 단순히

물길이 만나는 공간이 아니다. 전주의 모든 흐름이 하나로 모이는 이곳은 전통과 자연, 인간의 기억이 함께 어우러지는 상징적 장소다.

삼천천, 기억을 품은 도시의 물줄기

삼천천은 단순한 개천이 아니다. 그것은 전주의 과거와 현재, 그리고 미래를 연결해주는 생명의 줄기이자, 시대의 증언자이다. 도시화 속에서도 본연의 자연성을 간직하고 있으며, 주변 마을들과 함께 호흡하며 도시민의 기억과 삶을 품어왔다.

서신동, 더화로, 그리고 그 사이를 이어주는 작은 골목과 다리, 오래된 건물들 하나하나가 결국은 삼천천이라는 물길에 묻어난 시간의 결들이다. 이곳을 걷는다는 것은 단순한 산책이 아니라, 한 도시가 어떻게 변화해왔는지, 그리고 앞으로 어떻게 변화해갈지를 직접 보고 듣고 느끼는 '시간여행' 그 자체다.

또한 삼천천은 단순히 도시를 가로지르는 물길이 아니다. 이 하천은 전주 시민들의 삶이 흐르는 시간의 강이며, 공동체의 기억과 정서를 담아내는 공간이다. 과거의 빨래터와 놀이터, 그리고 시인의 시와 아이들의 웃음소리가 함께 어우러지는 곳, 바로 삼천천이다.

오늘날 복원된 생태 하천으로서의 모습 너머에는, 수백 년 동안 전주 사람들의 일상과 이야기가 흐르고 있다. 주민들의 손길과 애정이 깃든 이 물길은 앞으로도 전주 공동체의 심장으로서, 삶과 기억을 품고 끊임없이 새로운 이야기를 써 내려갈 것이다.

그래서 삼천천을 걷는다는 것은 단순한 산책이 아니라, 전주라는 도시와 그곳에 살았던 수많은 사람들의 삶과 만나는 특별한 여행이다. 이 물길이 지닌 생명력과 기억의 힘이 앞으로도 오래도록 이어질 것이다.

금산사 가는 길
모악의 품으로 드는 길

거리 및 소요 시간 : 10km, 5시간

코스 경로
중인동 → 독배 → 청도재 → 귀신사 → 백운동 마을 →
금산사 지나 구릿골 (모악산 마실길)

전문가 : 박성기 (여행 작가)

전주시외버스공용터미널

여름 내내 괴롭히던 더위는 가을로 접어들려는지 아직 여름의 끝자락이지만 바람이 선선하다. 하늘과 땅, 산과 바다를 넘어오는 바람에 실려 가을이 벌써 찾아오고 있다. 하늘이 눈이 시리도록 청명하다. 며칠 동안 내린 비로 먼지와 텁텁하던 날씨는 깨끗이 사라지고 없다. 맑은 하늘을 본 지가 얼마던가.

고요한 길 앞에 서서, 나는 지나온 여름과 다가올 가을 사이의 미세한 떨림을 느낀다. 뜨겁게 작열하던 태양과 더위는 한풀 꺾였으나, 계절이 물러난 자리는 여전히 뜨거운 기운이 남아 있다. 그러나 비 온 뒤 흙먼지조차 허락하지 않은 듯 맑아진 하늘은 어쩌면 모악산의 너른 기운을 닮았는지 모른다. '어머니 산'이라 불리는 모악(母岳)의 품 안으로 한 발을 내딛는 순간, 혼란한 세상의 시계는 잠시 멈추고 내면의 시간으로 접어들 것이라는 생각만으로도 마음이 기쁘다.

오늘 전주시 용북동과 중인동 경계, 망월 마을 왕버드나무 아래에서 출발한다. 망월리(望月里). 수백 년 세월을 견딘 나무의 줄기에는 숱한 이야기들이 켜켜이 쌓여 있다. 전주와 완주, 김제를 품은 모악산(母岳山) 자락, 귀신사(歸信寺)를 거쳐 금산사(金山寺)로 들어가는 여정이다. 길 위에서 어떤 이야기와 인연을 만날 것인가.

걷는다는 것은 가장 느린 속도로 세상과 만나고, 대화하고, 관찰하는 나만의 방법이다. 흙의 감촉, 나뭇잎이 스치는 소리, 지저귀는 새소리까지 모든 감각이 살아난다. 위에서 아래로 일정하게 흘러내리는 물의 방향과 소리, 때론 앞을 가리는 안개와 멀리 바라보이는 산 능선의 곡선까지도 살필 수 있다. 길을 걷는다는 것은 나와 밖이 만나는 명상의 통로이기에 나는 걷는다. 전주와 완주, 김제를 아우르는 모악산의 웅대한 지세 속으로. 오늘 길 위에서 만나게 될 모든 이야기와 풍경에 설렘이 가슴 가득 차오른다.

망월리 왕버들, 모악의 가을 속으로

망월 마을 왕버드나무를 출발한 길은 모악산 자락을 향해 독배천을 따라 비

단처럼 풀어 놓았다. 매미의 애끓는 울음이 잦아들고 둑길을 따라 아무렇게나 자란 들풀을 흔들어 대는 바람을 눈에 담는다. 바람을 따라오는 흙 내음은 걷는 이의 마음을 사정없이 흔들고 자극한다. 여름이 멈춘 자리, 잎들은 곧 붉고 노란 찬란한 이별을 준비할 터다.

독배천(獨排川)을 따라 천천히 발걸음을 옮긴다. 홀로 흐르는 듯 청아한 물줄기를 따라 형성된 둑길은, 들판과 산의 경계를 명확히 나누며 길게 뻗어 있다. 길은 촉촉한 습기를 머금고 미끄러운 듯하면서도 굳건하다. 지난밤 내렸던 비의 흔적이 독배천의 풀섶마다 고스란히 남아 있다. 유례없는 폭우에 천변의 수풀들은 강렬했던 물살을 기억하며 일제히 고개를 숙였다. 굵은 물줄기가 휩쓸고 간 방향을 따라 길게 눕거나 꺾인 풀들의 잔해가, 지나간 시간의 거셌던 힘을 짐작하게 한다.

그러나 그 거센 물의 행적이 무색하게, 하늘은 맑다 못해 시리다. 구름 한 점 없이 투명한 하늘은 눈이 시릴 정도의 파란색을 머금고, 그 깊이가 마치 하늘의

끝에 닿을 듯하다. 하늘을 보는 것만으로도, 그동안 쌓였던 마음의 먼지까지 깨끗하게 씻겨 내려가는 듯하다.

독배천을 따라 길게 이어진 둑길에는 가을을 준비하는 풍요가 가득하다. 보랏빛 엉겅퀴와 자리를 메운 이름 모를 가을꽃과 억새가 바람에 실려 와 잔잔한 파도처럼 하늘거린다. 드문드문 피어난 코스모스의 여린 분홍빛이 스며들어 있다. 길섶을 자세히 들여다보면, 이제 막 땅의 기운을 빨아 올리며 붉게 물들기 시작한 들풀의 미세한 색 변화까지 눈에 들어온다.

주렁주렁 매달린 대추는 아직 붉게 익지는 않았으나 가지가 위협을 느낄 만큼 알차게 여물었고, 주먹만 한 감은 수확의 무게를 이기지 못해 부러질 듯 휘어져, 금방이라도 땅에 닿을 기세다. 곧 익어 풍성한 수확을 나눌 넉넉함이 시골길의 진정한 아름다움이다.

둑길을 걷다가 마주친 먹음직스러운 호박이 달린 넝쿨이 길게 이리저리 뻗었다. 푸른 호박잎이 문득 눈에 들어온다. 호박잎 쌈밥의 기억이, 맑은 가을 공

기를 타고 식욕을 돋운다. 마침 밭을 거두는 주인장에게 정중히 허락을 구하고, 호박잎 몇 장을 딴다. 도시의 삶에서는 상상하기 힘든, 길 위에서의 소박한 나눔과 인심이다. 푹 삶아서 강된장에 찍어 먹을 쌈밥을 생각하니 벌써부터 입안에 군침이 돈다. 배낭 한쪽에 호박잎을 조심스레 챙겨 넣고 다시 길을 나선다. 길 위에서 얻는 식재료와 소소한 행복은, 이 여정을 더욱 풍요롭게 만드는 잊을 수 없는 보상이 된다.

독배천의 둑길은 삼천동 봉암 쉼터로 이어진다. 마을 초입에 다다르니 망월리처럼 커다랗고 넉넉한 버드나무 한 그루가 손을 반긴다. 나무 아래에는 나그네가 쉴 만한 의자가 놓여 있고, 그곳이 바로 봉암 쉼터다. 옛 전주 부성에서 금산사로 향하는 청도재 고갯길 초입에 위치했기에 장꾼과 나그네들이 쉬던 정자 터다. 봉암(鳳巖)이란 이름은 봉황이 깃든 바위라는 뜻으로, 너른 들판 끝자락에 돌출된 바위 언덕이 있어 봉황이 머물던 형국이라서 봉암이라 불렸다.

봉암 쉼터에 걸터앉아 잠시 숨을 고른다. 이곳에서 바라보는 풍경은 앞서 걸어온 길과는 또 다른 아늑함을 선사한다. 들판은 마을의 기와지붕과 조화롭게 이어지고, 모악산의 산줄기가 한층 가까이 다가와 있는 것처럼 느껴진다. 이곳 봉암정은 청도재로 가는 길목의 버드나무가 주는 평화로운 쉼터이다. 잠시 쉬 며 목을 축이고, 다시 채비를 한다. 모악산의 품으로 드는 길은 이제부터 더욱 속 깊은 이야기를 품고 있을 것이다.

봉암 쉼터를 지나 둑길에서 벗어나면 바로 만나는 곳이 독배 마을이다. 청도 재로 넘어가기 직전 만나는 마을이다. 마을 앞으로 흐르는 물은 독배천 상류로, 이곳을 지난 물은 지나왔던 봉암과 망월 마을을 지나 구이천, 장천과 만나 삼천 천을 이뤄 전주천으로 흘러간다. 걷는 이가 이곳을 지나면 걸음이 저절로 느려 진다. 들판의 고요와 물소리가 마음을 씻어 주기 때문이다.

청도재를 넘어 유각 마을을 지나다

독배 마을을 지나 서서히 길을 따라 청도재(靑道峙)로 오른다. 산으로 들기 시작한다. 독배천이 흘러내리던 물길은 점점 가늘어지고, 그 자리를 대신해 숲 의 바람이 길 위를 따라 오른다. 이 고개를 이름 그대로 '푸른 길의 고개'라 불렀 다 한다. 모악산을 가는 마지막 고개로 예전에는 숲이 깊었다 전한다. 지금은 차도로 넘는 길이라 옛 모습은 찾을 수 없다.

고개 이름의 푸를 청(靑)은 세속의 때를 벗고 맑음으로 드는 고개를 뜻한다. 귀신사에서 금산사로 이어지는 불가와 연결된 길일지도 모른다는 생각을 해 본다. 귀신사를 향하고 금산사를 향하던 승려들이나, 수많은 종교의 발상지인 모악산을 향하던 이들이 순례 중 지친 몸을 쉬며, 푸르다고 하였던 그 말이 세 월을 건너 지금까지 남아 있는 것일까.

청도재의 고갯마루를 넘어서는 순간, 등 뒤를 밀며 간간이 불어오던 바람이 잠잠해졌다. 길은 완만한 내리막으로 이어지고, 유각 마을(酉角里)이다. 유각 (酉角)이라는 이름은 '닭의 볏처럼 생긴 산의 모양'에서 비롯되었다 한다. 마을

뒤편의 능선이 닭 볏처럼 솟았다 하여 그렇게 불렀다는데, 잘 모르겠다. 지나는 사람의 모습은 보이지 않아 여느 시골 마을처럼 이따금 차만 지나갈 뿐 고요하기만 하다.

마을을 지나가다 보면 바로 귀신사 들어가는 길이다. 길을 따라 들어가다 보면 그 끝에 귀신사(歸信寺)의 고요가 기다리고 있다. 절의 담벼락을 따라 돌아가면서 집의 지붕이 나무들 사이로 드러난다. 그 순간, 모든 소리가 멎는다. 새소리도, 발자국도, 심지어 내 숨결조차 잠시 멈춘다. 천년의 세월을 품은 사찰의 공기 속에는 사람의 말보다 더 오래된 침묵이 깃들어 있다. 나는 고요한 침묵 앞에 서서 모자를 벗는다.

믿음으로 돌아가는 자리 귀신사

귀신사(歸信寺)를 모르는 사람들은 종종 이름만 따서 귀신의 절이라 하지만 한자를 풀이해 보면 그 뜻은 완전히 다르다. 돌아갈 귀(歸) 믿을 신(信), 즉 믿음으로 돌아간다는 귀한 뜻이다. 세속의 혼탁함에서 벗어나 믿는 본래의 마음으로 되돌아가라는 것이니 불가에 귀의(歸依)한다는 뜻이 담겨 있는 선언인 셈이다.

귀신사는 금산사가 있기 전부터 있던 오래된 절이다. 절은 크지 않으나 절 안에 앉아 있으면 마음이 편안해진다. 절의 입구에 높지 않은 돌기둥 두 개가 세워져 있는데 당간 지주(幢竿支柱)다. 절의 경계를 알리는 문이자 신앙의 상징이다. 이 돌기둥 사이를 지나 돌계단을 오른다. 절로 향하는 돌계단은 세월이 쌓여 이끼가 자랐고, 그 틈마다 수행자의 발자국이 남아 있다.

계단을 올라서면 다시 담벼락과 담벼락 사이로 돌계단이 있고 그 너머 대적광전이 보인다. 참 아름답고 오묘하다. 비로자나불을 모신 대적광전은 화려한 단청 대신 나무결이 드러난 소박한 건물로, 조선 중기의 건축 양식을 따르고 있다. 오래된 기둥의 갈라진 나뭇결에는 지나온 세월이 담겨 있다. 조선

숙종 15년(1689)에 중건된 목조 건물이다. 그 조형의 정제된 곡선은 수행자의 마음처럼 고요하다. 사리탑 앞에 서면, 바람이 잠시 멈춘다. 그 고요가 이 절의 기도다.

귀신사에는 세월이 조각한 나무, 바람이 새겨진 탑, 수행자가 남긴 발자국이 있다. 그것들이 법문이다. 인간이 만든 경전보다 오래된 설법이고 자연의 언어이기도 하다. 사찰은 산의 품에 자연스럽게 안겨 있고, 나무와 바위, 탑과 전각이 하나의 호흡으로 이어진다. 이곳에서는 바람조차 수행의 일부가 되는 듯하다. 한 줄기 바람이 지나갈 때마다, 절의 시간은 잠시 멈춘 듯 고요해진다. 참으로 오묘하다.

대적광전 뒤로 돌아가면 계단이 있고 그 돌계단을 오르면 귀신사 3층 석탑이 있다. 고려 때 만들어진 귀신사 석탑과 석수가 눈앞에 드러났다. 보통의 석탑은 법당 앞에 있는 것인데 이곳 석탑은 뒤편 언덕에 석수와 함께 배치된 것이 특이하다.

계단을 내려서면 대적광전과 경내가 한눈에 들어와, 돌계단에 앉아 있으면 시간이 하염없다. 세속의 시간이 무의미하고 아무 생각이 안 든다. 내가 걷는다는 것도 잊은 채 한참을 그렇게 앉아 있다가 양귀자의 단편 소설 「귀신사에 가서」가 떠오른다.

"나는 믿음을 찾아간 것이 아니라, 믿음이 나를 불러 세운 것이다."

이 문장은 소설에 등장하는 문장이 아니라 오랫동안 이 절이 품은 시간인 것처럼 느껴진다. 내 믿음(信)으로 돌아가라(歸)는 이 두 글자가 인간의 깊은 본질임을 깨닫는다. 귀신사의 절 이름과 그렇게 어울릴 수가 없다.

귀신사를 나와 남쪽으로 조금 내려가면 청도리 석탑(靑道里石塔, 보물 제613호)이 있다. 이 석탑 역시 고려 시대의 삼층석탑으로 균형 잡힌 비례와 간결한 선이 돋보인다. 기단에는 연화문이 정교하게 새겨져 있고, 옥개석의 추녀선이 부드럽게 굽어 있다.

청도리 석탑은 귀신사 석탑과 함께 귀신사의 대표적인 석탑이다. 지금의 규

모는 작지만 예전 귀신사는 청도리 석탑을 포함하는 상당히 큰 도량이었을 것이다. 탑 앞에 서면 먼 들녘과 모악산의 능선이 함께 보인다.

청도리 석탑을 나와 마을로 나오니 귀신사에서 보면 동쪽 완만한 언덕에 귀신사 승탑이 있다. 사찰 중심의 영역에서 약간 물러나 있어 경내를 바라보는 수호상처럼 보인다. 이 승탑의 위치로 보아 귀신사가 상당히 큰 절이었음을 미루어 짐작케 한다.

믿음에서 깨달음으로, 구름이 쉬어 간 자리 백운동

청도리(靑道里)에서 완만한 보도를 따라 백운동(白雲洞)으로 든다. 모악산에서 내려온 기운은 백운동에 닿는다. 길을 따라 신앙의 발걸음이 숨을 고르던 자리다. 불가(佛家)의 길, 곧 귀신사(歸信寺)에서 금산사(金山寺)로 이어지는 길목이 되는 곳이 백운동이다. 스님과 순례자들이 오가던 발자취가 골짜기

의 수런거림과 포개지고, 마을의 이름처럼 '흰 구름'의 고요가 길의 호흡을 가다듬는다.

오래전 이 일대에는 증산도 교도들이 모여 살며 자신의 신앙을 일구었다 하니, 산의 품 안에서 서로 다른 믿음들이 나란히 숨 쉬던 셈이다. 길옆 돌담 사이 감나무 잎사귀에도 종교의 경계가 아닌 삶의 체온이 먼저 내려앉는다. 신앙은 흐르고, 사람도 흐른다. 그 흐름이 이 골짜기에서 조화롭다.

그 흐름을 따라 길을 오르다 모악산과 닭 지붕으로 나뉘는 삼거리가 나온다. 닭 지붕으로 가는 길이 모악산 마실길이면서 금산사 가는 길이다. 100여 미터 가면 도통사(道通寺)에 닿는다. 도통사 갈림길을 지나 닭 지붕으로 간다. 2.5 킬로 가면 닭 지붕이다. 망월리를 출발해 어느덧 10킬로가 넘어선다. 닭 지붕으로 이어지는 모악의 능선이 겹겹이 낮아진다. 멀리 아래로 금산사의 미륵전이 눈에 들어온다. 오늘 가야 할 길의 끝이 눈앞이라 벌써 마음은 바빠진다. 바람이 능선의 마디를 지나며 간헐적으로 방향을 튼다. 닭 지붕을 내려 금산사

주차장으로 내려선다. 내내 사람 만남이 드물다가 금산사 주차장에 들어서니 번거롭다.

금산사 믿음의 길, 견훤의 길

금산사 주차장에서 홍예문을 지난다. 홍예문(虹霓門)이 아치로 길을 받쳐 든다. 아치의 반원은 한 시대의 굴곡을 은근히 닮았다. 석성문, 혹은 견훤문(甄萱門)이라 불리던 그 문은 오랜 세월 문루를 잃고 돌 아치만 남아 있었으나, 이제 복원된 상층이 예전의 위엄을 되찾는다. 아치의 곡선 아래서 나는 잠시 발을 멈춘다. 여기서 후백제의 왕 견훤을 떠올린다.

한때 그는 삼한을 제 손에 넣을 기세였다. 그러나 권력의 칼끝은 가까운 곳에서 나왔다. 이들 신검이 칼을 들었고, 아버지는 이 절에 갇혔다. 견훤은 결국 이 문을 등지고 고려로 향했다. 아들에게 밀려난 왕의 북행은 귀화(歸化)라는 이

름으로 역사에 적혔지만, 그 말 속에는 무력과 체념, 계산과 생존이 겹쳐 있다.

패자(敗者)의 서사는 늘 슬픔으로만 닫히지 않는다. 남겨진 이들의 삶, 이어진 제도, 지워지지 않는 지명과 풍습이 뒤이어 문장을 완성한다. 성문은 지난 자를 붙들지 않는다. 다만 다음으로 건너가라고, 그리하여 시간 속에서 스스로의 자리를 찾으라고 일러 준다.

성문은 말이 없고, 시간만이 그 위를 건너간다. 문지방 바깥쪽 길섶에 돋은 꽃들이 계절을 앞서 피어나듯, 역사는 늘 균열의 사이에서 새로운 길을 틔운다. 이름처럼 마음이 먼저 밝아진다. 방금 전까지 길 위에 흩어져 있던 생각이 문턱에서 모인다. 시선은 자연스레 안으로 깊어지고, 발걸음은 조용히 고요를 따른다.

일주문(一柱門)에 이르니 길의 마음가짐이 단정해진다. 두 기둥 사이로 프레임이 만들어지고, 세속의 높낮이는 그 문턱에 내려놓는다. 새로 씻긴 공기가 코끝을 시원하게 파고들고, 나뭇잎의 뒤편에서 낮은 바람결이 일렁인다. 여름의 끝자락이 아직 남아 있으나 바람은 분명 선선하다. 발은 가까운 흙을 보고, 눈은 한 박자 앞을 본다.

금산사 입구 비석의 '용화 종찰(龍華宗刹) 미륵 성지(彌勒聖地)'라는 여덟 글자가 머릿속에서 또렷해진다. 표석의 문구가 과장이 아니라, 내 앞의 규모와 조형, 그리고 이 산 전체의 신앙 지형을 요약한 말임을 안다.

보제루 아래를 통과하니 마당의 시야가 확 트인다. 정면에는 대적광전(大寂光殿)의 균형 잡힌 체구가 서 있고, 그 오른편으로 긴 처마와 회랑이 이어진다. 그러나 금산사의 중심은 따로 선다. 국보 제62호 미륵전(彌勒殿)이다. 우리 사찰 건축에서 보기 드문 3층 전각이 층층이 하늘을 받친다. 가까이 다가서면 내부가 하나의 거대한 공간이라는 사실이 먼저 체감된다.

벽을 나누지 않은 일체의 속살이 한 호흡으로 이어지고, 그 심장에 미륵불이 선다. 높이 약 11미터. 나는 고개를 들고 또 든다. 시선이 닿지 않는 자리에서야 비로소 몸의 호흡이 길어지고, 마음의 속도가 낮아진다.

미륵전의 단 아래에서 돌계단의 마모를 손끝으로 더듬는다. 발바닥들이 수없이 오르내리며 만든 얕은 굴곡이 햇빛을 받아 부드럽게 번진다. 바람이 처마 끝 풍탁을 한 번 건드리고, 그림자가 시간의 길이를 바꾼다. 이 모든 것이 동시에 일어나도 마당은 소란스럽지 않다. 큰 건물은 큰 침묵을 갖고, 그 침묵이 사람을 낮춘다. 그래서 사찰의 중심을 굳이 찾는다면, 건물이 아니라 그 건물들이 만들어내는 비어 있음에 있다 말하고 싶다. 그 비어 있음이 오늘 내 마음이 앉을 자리다.

미륵불의 시선은 멀리, 그러나 낮지 않다. 손끝의 상징은 해석이 앞서지만, 오늘 내게 필요한 것은 해석이 아니라 체감이다. 미리 쓰인 설명을 떠올리되, 지금 이 빛과 공기의 결을 먼저 받는다.

대적광전 앞을 천천히 지난다. 태양이 높아지며 전각의 기둥마다 얇은 그림자를 두른다. 나는 잠시 발을 멈추고 호흡을 가다듬는다. 해설을 더 붙일 이유가 없음을 안다. 이미 충분하므로 덜어낸다. 이미 가득하므로 조용히 선다. 오늘의 목적은 미륵전 앞에서 고개를 들고, 대적광전 앞에서 고개를 숙이는 그 두 동작 사이의 균형을 확인하는 데 있다.

글을 마무리하면서

"오늘의 순서는 풍경의 차례이자 마음의 호흡. 문은 지나가라고 있고, 불상은 올려다보라고 서 있다. 올라가고 내려오는 동안, 나는 스스로의 높이를 조정한다."

모악산(母岳山)의 품은 사찰의 울타리를 넘어 들과 마을로 확장되고, 내 걸음은 그 가장자리에서 다시 일상의 속도로 돌아간다. 그러나 속도만 돌아갈 뿐, 시선은 조금 달라진다. 높이와 깊이를 재는 눈금이 한 칸씩 이동한다.

멀리서 아이 울음이 바람을 타고 들린다. 어른의 웃음, 카메라 셔터, 스님의 발소리, 경내의 종소리 아닌 소리들이 마당의 공기를 채운다. 나는 그 소리들을 하나의 배경음으로 묶고, 한 번 더 하늘을 본다. 오늘의 하늘은 눈이 시릴 만큼 맑다. 며칠 비가 씻어 낸 공기 속에서 빛의 결이 또렷하다. 계절은 아직 가을이라 말하지 않지만, 가을은 이미 와 있다.

길은 여기서 끝나지 않는다. 금산사에서의 마지막 발걸음은 다음 여정의 첫 발이 된다. 귀신사로 오르는 길목의 고요, 능선의 바람, 마당의 그림자와 처마 끝의 떨림이 내 안에 작은 지도를 그린다. 나는 그 지도를 과신하지 않는다. 내일의 길은 내일의 발이 답한다. 다만 오늘의 균형을 내일의 시작으로 가져간다.

사찰을 나와 도로와 들판, 산 그늘과 하천을 번갈아 보며 걷는 동안, '천년 고도'라는 말이 머릿속에서 점차 구체를 얻는다. 오래된 이름은 박제가 아니라 살아 움직이는 생활의 리듬이다. 전주의 거리, 완주의 들, 김제의 평야로 이어지는 생활권 속에서 사찰은 신앙의 중심이자 길의 허브였고, 지금도 그렇다. 옛 길은 지도 위 선이 아니라 사람과 사람, 터와 터를 잇는 실제의 맥박이다. 나는 오늘 그 맥박을 손목에서 확인한다.

올려다볼수록 마음은 낮아진다. 낮아질수록 길은 넓어진다. 그 넓음이 오늘의 결론이다. 사찰의 규모나 조형의 장엄보다, 그 장엄이 사람을 어떻게 변화시키는가를 기억하고 싶다. 문을 지나며 나는 비워 두는 법을 배우고, 불상 앞에서 나는 채워 둘 마음을 정한다. 비우고 채우는 사이, 걷는 자의 호흡이 일정해진다. 그것이면 충분하다.

한벽당에서 만경강까지
전주천길

거리 및 소요 시간 : 18km, 6시간

코스 경로
한벽당 → 다가 공원 → 롯데백화점 → 백제교 → 가리내 → 추천대 →
송천동 만경강 합류지

전문가 : 맹한승 (여행 작가)

전주천, 천년 고도의 역사로 흐르다

천(川)은 강으로 합류하기 전에는 지역의 물길로 도도히 흘러간다. 서울의 청계천이, 춘천의 공지천이, 대전의 갑천이 그러했듯, 지역의 역사와 문화를 천변에 품고 큰 강으로 흘러들어 흔적을 남긴다. 전주천도 이런 강의 내력을 간직하며 전주의 역사로, 문화로, 당대를 살아간 인간의 면면이 되어 현재로 흐른다.

온전한 '전주'로 되살아나기 위해 전주는 1200년 전 후백제의 도읍지가 필요했다. 통일 신라 시대의 '전주'로 명명되었고, 조선을 건국한 태조의 태를 묻었으며, 인간다운 세상을 꿈꾸었던 정여립의 대동 혁명과 갑오년의 김개남, 손화

중을 위시한 동학군의 녹두꽃 순절이 핏빛으로 전주천변을 적셨다.

천년 고도 옛길의 11코스인 전주천 길을 후백제 견훤 복원 운동, 동학 농민 혁명 재조명, 정여립 대동 혁명 재조명 사업 등으로 오롯이 전주의 역사 문화 사가로 자리매김한 신정일 선생님과 함께 걷는다는 것은 전주의 속살을 더듬는 내밀한 역사 산책의 의미 있는 여정이 아닐 수 없다.

전주천은 완주군 상관면 용암리 솔치재에서 비롯돼 고덕산 자락을 지나 색장동에서 전주시에 이른다. 전주천은 전주시를 가로질러 삼천과 합류해 만경강으로 흘러 들어가는 하천이다. 총 길이 41.5km로 전주에 흐르는 6개의 하천 중 가장 길다.

전주천은 1990년대 말까지만 하더라도 생활 하수와 폐수, 콘크리트 제방 등으로 오염돼 4~5급수의 물이 흐르는 하천이었다. 그러나 성공적인 자연형 생태 하천 복원 사업을 통해 지금은 1급수에서만 산다는 쉬리, 갈겨니, 버들치, 그리고 천연기념물인 수달과 원앙, 멸종 위기종인 삵과 흰목물떼새도 만날 수 있다. 전주천 길을 따라 산책로와 자전거길이 조성되어 있어 전주 시민들의 휴식과 운동 공간으로 사랑받고 있으며, 봄날의 벚꽃길과 가을의 물억새 군락이 그림같이 펼쳐져 사람들의 발걸음이 끊이지 않는다.

전주천 길은 천년 고도 전주가 간직한 고구려와 후백제, 조선 500년의 역사와 주요 사건들이 천변 길 곳곳에 즐비하게 산재해 있다. 시민들이 역사의 흔적을 몸에 담고 산책하고 걷고 라이딩하는 시민 친화형 산책길이다.

전주천 길 41km를 큰 굽이로 나누어 보면 다음과 같다.

● 한벽당과 국립 문화 유산원으로 대표되는 전주 전통 문화를 깊이 호흡할 수 있는 한벽당 부근 초입부.

● 전주천의 하류로 이동하면서 만나게 되는 남천교와 청연루로 대표되는 고즈넉한 억새 풍경 속 고고한 정자 일대.

● 여기에서 좀 더 내려가 만나게 되는 남천교와 무지개다리의 빨래터 부근.

- 전주천변 시장로에서 징검다리와 함께 시원한 물줄기가 일품인 남부 시장 주변 싸전다리 부근 강변길.
- 여기서 갈대와 바람을 벗 삼아 흥얼거리며 가다 보면 삼천천과 전주천이 만나는 두물머리에 닿게 되고 건너편이 이름난 추탄 카페 거리이다.
- 계속해서 걷다 보면 다가교 근처로 히말라야시다 가로수와 버드나무, 메타세쿼이아 길로 쭉 펼쳐진 전북대 부근.
- 이후 팔복동 천변길을 거쳐 만경강으로 흘러들어가 천변으로서의 자취를 거두게 된다.

5월의 어느 화사한 봄날 오후에 한벽당, 천변 마루에서

5월의 어느 한적한 오후, 전주천변 산책의 첫 발자국은 한벽당 근처의 시원스레 펼쳐진 대청마루에서 오모가리탕이며 삼겹살 등속을 구워 먹는 전주 시민들의 웃음꽃 떠나지 않는 모습을 흐뭇하게 바라보는 것으로 시작되었다.

한벽당 근처에는 예로부터 전주 시민들의 전통 맛집으로 소문난 오모가리탕이며 민물 새우탕 등을 천변 마루에 앉아 천변 뷰를 감상하며 즐길 수 있는 전통 식당들이 줄지어 있다. 이곳이 바로 전주의 맛과 멋이 처음으로 스며드는 지점이다. 예전에는 이곳 천에서 잡은 민물고기와 민물 새우 등으로 시민들의 허기진 배를 채워 주었던 오모가리탕 식당가도 요즘은 수요가 많아지면서 외지에서 어류와 식자재를 공급받아 음식을 내놓는다고 한다. 봄날 오후에 천변 마루에 앉아 오모가리탕을 먹으며 물안개 피어오르는 강물 풍경을 감상하는 것도 전주 시민만의 남다른 축복이 아닐까 하는 생각을 잠깐 해봤다.

오모가리 천변 마루 식당가를 지나 천변 길의 중바우 아래를 지나자 휘돌아 꺾인 절벽 벼랑에 비스듬히 자리한 한벽당(전라북도 유형 문화재 제15호)이 자리하고 있다. 한벽당은 조선 건국에 큰 공을 세운 문신 최담이 전주로 낙향하여 승암산 기슭 절벽에 태종 4년(1404년)에 별장으로 지은 정자이다. 처음에는 그의 호를 따서 월당으로 했으나 여러 차례 중수하면서 한벽당으로 바뀌었다

한다. 한벽당은 예로부터 호남의 묵객들이 찾아와 시를 읊고 풍류를 즐겼던 곳이라 전해 오는데, 때를 잘 맞춰 오면 지금도 가끔 대금 소리를 들을 수 있다. 한벽당 뒤로는 작은 요월대라는 정자도 자리하고 있다.

그 아래로는 말굽 모양의 터널인 한벽굴도 볼 수 있다. 한벽굴은 과거 전라선 본선의 일부로 일제 강점기인 1931년 조선 총독부 철도국이 시공해 그해 10월 전라선 전주-남원 구간과 함께 개통되었다. 당시 일제는 조선인들이 신봉하던 풍수 지리 사상을 교묘히 이용하여 이곳에 있던 한벽당의 풍광과 정기를 끊기 위해 한벽당 바로 밑에 터널을 뚫고 전라선 철도를 건설한 것으로 알려져 있다.

한벽당의 고아한 운치를 요모조모로 훑어보다 선생님 특유의 깊은 저음으로 설명하시는 전주 한벽 문화관과 국립 문화 유산원의 그윽한 문향(文香)에 귀 기울이게 된다. 한벽 문화원 문화관에서는 주로 전통 문화 체험과 판소리 공연, 마당극 공연 등이 상시로 이어져 전주 시민들의 전통 문화 향유에 큰 역할을 하고 있다고 한다.

이 외에도 한벽당 근처에는 자안 벽화 마을과 향교, 국립 무형 유산원이 자리하고 있다. 조금만 더 걸어 올라가면 평화의 전당과 바람 쐬는 길까지 이어져 있어 북적북적한 전주 한옥마을과 달리 느긋한 시간을 사색하듯 보낼 수 있는 사유의 구역이 아닐 수 없다.

결국 문화는 사라진 것이 아니라 사람들이 문화를 회피했던 것이 아닐까. 천변 산책의 시작점에서부터 전주천은 사람들 앞에 문화와 역사를 펼쳐 놓고 있었다. 마치 선생님이 40년 전 전주의 문화와 역사를 이야기하면서 자연스럽게 역사 도시 전주가 보이고, 전통 문화지 전주가 재탄생됐던 것처럼 사람들이 우리 문화를 주제로 말하면서 걸으니 아름다운 역사와 문화의 길이 비로소 나타나기 시작한 것이다. 그때부터 전주천 길엔 주말마다 건강을 위하여, 문화와 역사에 관심이 많아서, 새로운 길을 걸어보고 싶어서, 우리 땅 우리 산하가 궁금해서 걷기에 참여하는 사람이 늘어났다.

억새 풍경 속 고고한 자태의 남천교와 청연루

천변 길 군데군데 무리 지어 피어난 찔레꽃 군락을 감상하며, 간간이 가벼운 러닝복 차림으로 달리는 사람들과 눈 마주치며, 선생님과 지금이 딱 좋은 5월의 장밋빛 날의 한적한 오후를 사부작사부작 걷는다. 걷는 내내 강변으로 자유로이 날아다니는 나비의 날갯짓과 보라색 등갈피꽃의 소담한 자취를 눈에 담는다. 선생님께서는 연신 "지금이 딱 좋을 때네요. 5월 이때 그저 강변으로 나비도 막 돌아다니고. 전주를 찾은 시인들도 여기서 아름다운 시들을 남겼지요. 자전거 타고 가면서 뭐 했더니 딱 여기네. 거참 징검다리가 이렇게 예쁘고 꽃들도 저마다 다 예쁘네요" 하며 오월의 아름다운 날들이 그렇게 저만치 앞서거니 뒤서거니 두 길손을 따라붙는다.

선생님은 천변에 보라색의 초롱초롱한 물방울 같은 자취를 보여 주는 꽃이 등갈피꽃이라고 알려 주신다. 등 가려울 때 등 긁어 주는 효자손 같이 생겼다

해서 등갈피꽃이라는 조금은 묘한 꽃명을 지닌 꽃 주위로 한가로이 나비며 벌꿀, 별별 벌레들이 꽃가루를 먹기 위해 주위를 서성거리는 모습이 평화로운 강변의 정취를 연출해 낸다.

소곤거리며 길을 걸어도 좋을 만큼 예쁜 길 중간중간, 나무와 곤충, 들꽃, 자생 생물에 대한 이야기를 써 놓은 '전주천변 해설판'의 글도 빼놓지 않고 읽는다. 미처 몰랐던 전주천 생태계의 재미있는 이야기를 읽으며 '아하!' 하고 무릎을 치며 웃음 짓게 된다. 자연이 들려주는 하모니만으로도 충분히 귀와 마음이 즐거워진다. 새들이 지저귀는 소리, 껑껑대며 기분 좋게 짖어대는 견공의 울음

소리, 갈대가 바람에 서걱대는 소리… 그 모든 것이 곧 음악이 된다.

그렇게 전주 천변 징검다리를 건너오면서 봄날의 수량 풍성한 강변길을 선생님과 같이 걷는다. 선생님은 연신 "여기는 천년 대로 길 조성을 잘 해 놨네, 지금 비가 와서 수량이 엄청 풍성해요" 하며 천변 길의 자연 풍광에 감탄사를 연발하신다.

이마에 땀이 송송 맺히게 몸이 더워질 무렵쯤 천변 시장로에서 징검다리를 건너오면서 봄날의 수량 풍성한 강변길을 마주한다. 조금 가자 전주천을 한눈에 바라보기에 제격인 청연루와 남천교에 다다른다.

맑게 흐르는 전주천과 가지를 늘어뜨린 버드나무, 주변을 은빛으로 수 놓은 억새를 따라 걷다 보면 멋진 돌다리와 그 위로 보이는 기와지붕이 시선을 사로잡는다. 전주천변의 봄볕 풍경에 고즈넉함을 더하는 남천교와 청연루다. 시원한 바람을 즐길 수 있어 여름이면 꽤 인기 있는 시민들의 안식처라는 청연루가 저 앞에 있다. 길가에서 올려다보니 하얀 억새와 위압감 넘치는 남천교, 고고

한 자태의 청연루가 어우러지며 만들어 내는 장관에 감탄이 절로 나온다. 청연루에서는 사시사철 판소리 한 대목이며 춤사위 자락이 허공에 너불거리는 전통 문화 공연이 시민들을 위해 펼쳐진다고 한다.

청연루에서 천변을 바라보면 바로 보이는 무지개다리가 남천교이다. 남천 부근엔 그 옛날 동네 아낙들이 빨래하며 소일했던 빨래터가 남아 있다. 남천교를 지나 조금만 내려가면 전주시 근대 문화 유산으로 지정된 2개의 다리, 즉 쌍다리를 마주하게 된다. 쌍다리는 비가 너무 많이 와서 다리가 물에 잠길 때는 차가 떠내려가기도 했다고 한다. 그럴 땐 다른 다리로 건너갔던 셈이다. 쌍다리 옆에 효자 아들 추모비가 서 있다. 과거의 어느 때, 중병에 걸린 아버지를 등에 업고 다리를 건너가다 그만 물이 넘쳐 희생된 효자 아들을 기리는 기념비는 전주 시민들에게 효자 아들의 장한 행동을 일깨우고 있었다.

청연루, 남천교, 쌍다리로 이어지는 천변 길의 고즈넉한 풍경이 동네 아낙들이 빨래하며 수다 떠는 장면과 오버랩되며 평화로운 오후의 한때를 정겨운 마

음으로 다독거리는 듯하다. 이곳까지 근 1시간 넘게 선생님과 이런저런 얘기를 나누며 걸어가는 동안 발품도 쉴 겸 쌍다리 아래 그늘에 잠시 쉬어 가기로 한다. 신 선생님과는 20여 년 동안 그저 '책 만드는 얘기'만 했던 기억밖에 없었는데 쉬면서 역사와 자연과 살아가는 이야기를 도란도란 나누는 이 시간이 정말 꿈만 같다는 생각을 지울 수 없었다.

선생님은 키케로가 한 말이라며 "이렇게 우리 둘이 걷는 건 처음이지만, 우리는 어디를 가든지 역사 유적 위에 발을 디디는 것"이라는 의미심장한 말씀으로 우리의 동행에 남다른 의미를 부여하신다. 매일 책 얘기만 하던 나에겐 천변 길 어디에서든 피어난 들꽃도 너무 예뻤고, 서로의 보폭에 발맞추어 가볍게

뛰고 있는 연인들의 러닝도 그렇게 아름다울 수가 없었다.

　다시 걸음을 디디며 조금 더 걸어가자 군데군데 하천 물길을 막아선 징검다리가 띄엄띄엄 눈에 들어왔다. 행주현전의 징검다리라고 했다. 비 온 뒤의 천변 풍경은 창꽃도 피고 등갈피꽃도 피고 찔레꽃도 벙그러져 정말로 아름다운 봄 풍경을 연출한다. 천변을 걸어가는 사람들도, 자전거 타고 가는 연인들도 한가롭게 헬스 기구에서 운동하는 사람들도 모두가 봄은 참생명의 계절임을 온몸으로 일깨우고 있는 것 같다.

　나비가 개망초 끝에 앉아 있다. 파란 나비, 노란 나비, 하얀 나비~ 한두 마리가 아니다. 자연 속의 배색은 사람이 만들어 놓은 색감보다 훨씬 더 안온하고 자연스럽게 아름답다. 그래서 자연이라는 것이 가장 자연스럽게 최적의 아름다움을 연출하는가 보다.

　전주천 길을 둘러볼 때는 서두를 필요가 없다. 서둘러서 후딱 겉만 훑고 지나간다면 천변 구석에 아름드리 무더기로 피어 있는 개망초 꽃도 못 보고, 진한 향기로 유혹하는 찔레꽃 향기도 맡을 수 없을 테니 너무 아쉬운 일이다. 이런 곳에서는 자전거나 도보 여행이 제격이다. 느긋한 걸음으로 쉬엄쉬엄 작은 것들 하나하나에 눈길을 주면서 걷다 보면 어느 순간 마음이 편안해지며 세상 모든 것이 가지는 작은 아름다움을 깨닫게 된다. 이따금 몸이 휘청거릴 만큼 바람이 세차지만 일렁이는 억새의 춤사위는 한순간도 놓치고 싶지 않다. 빨리 걷기에는 너무나 아까운 길. 그래서 조금씩 천천히 음미하며 걷고 싶은 길, 전주천은 그렇게 쉬엄쉬엄 해찰하며 눈에 여유와 자연을 담는 산책길이다.

남부 시장, 싸전다리, 동학군, 형장의 이슬로 밴 역사의 현장

　자전거를 타고 지나가던 사람도, 도란도란 이야기를 나누며 길을 걷던 사람들도 잠시 멈춰 서서 전주천변의 추억을 사진으로 남기고 억새 풍경을 감상하는 모습이 종종 보인다. 바람에 흔들리는 은빛의 물결이 지나치는 사람들과 어우러져 사람 사는 풍경을 더욱 눈부시게 만든다.

전주천을 따라 남천교를 건너면, 전주의 일상을 조용히 지켜온 로컬 맛집들이 하나둘 모습을 드러낸다. 이곳은 묵묵히 손맛과 정성으로 승부해온 오래된 노포들이 주인공이다. 자극적이지 않지만 오래도록 기억에 남는 깊은 맛, 어릴 적 향수를 떠올리게 하는 분식집, 아침을 책임졌던 국밥집 등이 시민들의 입맛을 책임진다.

징검다리며 들꽃 무리를 감상하며 두런두런 봄볕 스미는 천변 길을 요모조모 훑으며 걷다 보니 청연로 싸전다리 옆 남부 시장 근처까지 오게 됐다. 해질녘 전주천을 바라보기에 아주 제격인 청연로 싸전다리 옆 남부 시장은 전주천을 끼고 이른 새벽 잠시 열렸다 닫는 도깨비 시장부터 종일 문을 여는 상설 시장으로 운영이 된다. 지금은 그 규모가 많이 축소되긴 했지만 조선 시대에는 전국에서 알아주는 큰 시장이었다.

이쯤에서 신 선생님의 목소리가 한층 높아지며 남부 시장 천변에서 격렬히 싸웠던 동학군과 관군의 농민 전쟁 이야기가 내 무딘 역사 인식을 깨운다.

"남부 시장 뒤의 천변 쪽에 이쪽은 동학 농민군이 들어와 있었고 반대편엔 홍계훈이 이끄는 관군이 대치하다 서로 격전을 벌였죠. 옛날에는 남부 시장이 전국에서 3번째로 큰 시장이었어요. 대구, 평양과 함께 전주의 남부 시장 이렇게 3대 시장이었죠. 호남 쪽으로는 제일 큰 시장이라고 보면 됩니다. 영남엔 대구고 북한은 평양이었죠. 당시 동학군들이 2일 장날에 삼천교에서 자고 삼천교에서 용머리 고개로 쳐들어온 거예요. 여기가 용머리 고개인데 용머리 고개로 동학군이 쳐들어온 것이죠. 동학군들이 장날에 시장 사람들과 그냥 섞여서 들어오니까 관군이 어쩌지를 못하고 그냥 도망갈 수밖에 없었어요."

하지만 신 선생님의 찬란했던 그날의 이야기는 용머리 고개 근처 초록바위가 동학군의 사형터였음을 아프게 되짚는 대목에서 역사의 무거운 그림자를 헤아리지 않을 수 없게 만들었다. 초록바위에 새겨진 형장의 이슬로 사라진 혁명군의 그림 속에는 당시 참다운 세상을 갈구했던 동학 혁명군의 한 맺힌 분노의 몸짓이 보이는 듯해 초록바위에서 쉽게 눈길을 거둘 수가 없었다.

선생님은 그 밖에도 아침에만 장이 서는 남부 시장 번개 시장에 대해서도 말씀해 주신다. 전국 곳곳의 농산물이며 어물(魚物) 등을 이고 지고 온 사람들이 아침 시장이 서면 번개같이 가져온 물건들을 내다 팔고는 금방 장이 파하는 시장이 남부 시장 아침 장이었단다. 천변에서 바라본 남부 시장은 천변 길 위로 꽤 길고 큰 시장이 형성되어 있었다. 아침 장이 섰다는 시장 주변에는 생선 비린내며 쿰쿰한 고단한 삶의 냄새가 배어 나오고 있었다. 한마디로 역사와 삶이 숨 쉬는 시장바닥의 냄새다.

시장 근처엔 싸전다리가 있었는데 이 다리 위로 쌀을 들고 왔다 갔다 한 다리라서 싸전다리라고 한단다.

선생님에게 동학 전쟁과 서민들의 신산한 삶의 애환에 대해 들으면서 자연을 그냥 걷는 것도 좋지만 역사적인 순간을 생각하면서 걸으면 되게 의미 있고 흥미롭게 걸을 수 있는 뜻깊은 산책길이 될 수도 있겠다는 생각이 들었다.

조선 시대 전국 3대 시장이라는 명성에 못 미치게 지금 남부 시장은 옛날만 못한 사정이지만 침체한 시장의 활성화를 위해 시작한 청년몰과 다양한 먹거리와 예술품이 가득한 남부 시장 야시장이 점점 시민들과 전주를 찾은 외지인들에게 사랑받고 있다고 한다. 이 밖에도 전주천을 하류 방향으로 오른쪽에는 전주 한옥마을이, 왼쪽에는 서학동 예술 마을이 위치하고 있으며, 봄이 오면 전주의 명물인 꽃동산도 남부 시장 맞은편에 위치하고 있어 약간의 발품만 팔면 하루 온종일을 보낼 수도 있다.

두물머리, 전주천과 삼천이 만나 만경강으로 흐르고

이제 산책은 끝을 향해 나아가고 있다. 어림잡아 2시간여를 신 선생님과 세상 사는 얘기며 우리 땅 걷기 얘기, 책 만드는 얘기 등을 두서없이 나누며 아낌없이 봄날의 전주천을 감상하며 걷다 보니 어느새 천변의 마지막 지점을 향하

고 있었다. 그간의 천변 풍경과는 사뭇 다른 외딴 섬이 보이고 물길이 한껏 넓어진 공간에 이르니 이곳이 두물머리 양수리라고 한다. 전주시 하가 지구 e편한세상 앞에서 만난 전주천과 삼천의 두 물줄기는 굽이굽이 흘러 만경강으로 이어진다. 이곳이 바로 삼천천과 전주천이 만나는 두물머리 양수리이고, 저 건너편엔 요즘 MZ 세대들의 핫플레이스로 소문난 추탄 카페촌이 보인다. 주말이면 엄청난 인파의 젊은이들이 카페 거리로 쉴 새 없이 스며든다며 선생님은 요즘 사람들의 가벼운 쏠림이 다소 못마땅한 눈치다.

두물머리 양수리를 조금 벗어나자 장마 때 아버지의 병을 고치기 위해 아들이 아버지를 등에 업고 건너갔다는 일화로 유명한 추천대에 이른다. 시원하게 사방을 조망하기에 안성맞춤인 추천대도 일품이었지만 저 너머 천양정이라는 활터도 필자의 눈을 인상 깊게 끌기는 마찬가지였다.

전주천 길을 걷는 내내 시민들의 그늘이 되어 주는 가로수가 여기는 3종이나 있다는 게 그저 놀라울 따름이었다. 미루나무 가로수가 이어지다 메타세쿼이아 가로수로 바뀌고 그러다 히말라야시다 가로수까지 천변을 휘영청 그늘지게 한다. 가로수 군데군데엔 조그마한 간이 정자도 있어 시민들의 간이 쉼터로 톡톡히 그 역할을 다하고 있다.

한참을 걷다 전북대학교와 전주대학교로 진출하는 지점에 국내 유일의 가로수인 히말라야시다 가로수가 이국적인 풍경을 자아낸다. 공교롭게도 전북대, 전주대, 기전여대 기숙사까지 세 개의 길로 난 대학 캠퍼스 부근을 히말라야시다가 그늘이 돼 지켜주는 듯해 인상적인 풍경으로 기억에 남는다.

선생님 말씀에 따르면 우리나라에 유일하게 있는 히말라야시다 가로수이며, 예전에 대학 교정에 큰 나무가 그늘을 드리우고 서 있었는데 이걸 다 어디서 옮겨온 것 같다는 것이다. 전주천 남단에 이르자 히말라야시다 가로수가 계속해서 펼쳐져 있다. 선생님은 자신이 우리나라를 다 돌아다녀 봤어도 이렇게 히말라야시다가 가로수로 펼쳐져 있는 곳이 전주천이 유일하다고 했다.

오른쪽엔 버드나무 왼쪽에 히말라야시다가 쭉 늘어서 도열해 있는 것이 토종 나무와 아프리카 나무가 함께 도열해 있는 듯한 이국적인 느낌이 익숙한 듯 낯선 전주천 길을 연출해 내고 있었다. 여기에 메타세쿼이아 나무 가로수까지 무려 세 종의 나무가 익숙한 듯 낯선 천변 산책로를 걷는 색다른 재미를 산책자들에게 선사하고 있었다.

전북대학교와 전주대학교로 나가는 방향이 표시돼 있는 전주천 표지판이 '노성천 1.7km'를 가리킨다. 이제 이 여정도 조금만 더 가면 종착지를 향해 나아가고 있는 중이다. 따가운 봄볕의 햇살이 눈을 아프게 찌르는 오후 3시의 천변은 완연한 연둣빛 향연이다. 나무들은 새순이 막 올라서 진녹색이 완연하고, 비가 많이 온 뒤의 하천은 시원하게 흐르는 냇물로 걷는 이의 마음마저 상쾌하게 북돋아 준다.

그저 눈길 가는 곳마다 노랗고 빨간 꽃무리들이 여울져 자연의 색을 우리에게 선물해 주고 있다. 계란 프라이처럼 노랗게 몽울진 망초꽃은 선명한 노란색이 예쁜데 비해 이 꽃이 다 번지면 밭을 다 못 쓴다 해서 '나라를 망친다'고

해 '망초 꽃'이란다. 봄에는 이 꽃을 따서 삶아서 어린아이 손가락에 끈으로 꽁
꽁 묶었다 떼면 노랗게 물들어 봉숭아꽃 물들이듯이 아이들 손가락을 물들였
다고 한다.

시선을 다른 꽃무리로 돌리니 금계국이 완전히 노란 꽃대궐을 이뤘다. 한쪽
엔 보랏빛 등갈피꽃이, 또 한쪽엔 노란 망초꽃이, 또 저쪽엔 빨간 찔레꽃이 피
어서 그야말로 무지갯빛 자연의 보색으로 봄날의 생명을 색다르게 빚어내고
있다. 여기에 마지막 액센트를 주듯이, 너만 꽃이냐 나도 꽃이다 하듯 진한 연
두색 수레 국화마저 화룡점정하며 절묘하고 고상한 전주천 들꽃 세상을 이루
었다. 금계국과 수레 국화의 조화는 무척 고아한 품격마저 연출하고 있었다.

선생님은 이런 자연의 오묘한 조화와 생생한 봄꽃의 향연을 온전히 감상하
며 카프카가 말한 "아름다움을 볼 수 있는 능력을 가진 사람은 늙지 않는다"라
는 의미심장한 한마디를 놓치지 않는다. 그러면서 예쁜 것을 예쁘다고 여기는
사람이 점점 없어져 간다는 것이 문제라고 했다.

노랗고 빨간 천변 들꽃 세상에 마음을 뺏겨 이 꽃 저 꽃을 감상하다 잠시 선
생님과 '찔레꽃 향기'에 대한 설왕설래를 나눈다. 선생님은 찔레꽃 향기는 향수
를 만들어도 좋을 만큼 너무 향기롭고 그윽하다며, 양예원의 '찔레꽃'과 장사익
의 같은 노래에 대한 품평으로 이어진다. 나는 장사익의 '찔레꽃'이 절절히 가
슴에 와 닿는다고 하고, 선생님은 양예원의 노래가 "찔레꽃이 피면 피리를 불
어 준다고 그랬지"라는 노랫말이 너무 청순하고 정숙해서 더 좋다고 맞받아친
다. 얘기는 급기야 송기원 시인의 '꽃밭에서'의 한 소절로까지 이어진다. 선생
님은 "꽃밭에서 다시 꽃밭에서 이렇게 예쁜 꽃들이 그들 몰래 피어 있다니, 이
렇게 예쁜 꽃들이 그들 몰래 시들어 버리다니"를 읊으시더니 우리가 이 아름다
움을 발견할 때라야 비로소 '꽃의 절정'을 발견하는 것이 아니겠냐고 속마음을
슬쩍 내비치신다. 그러면서 김춘수 시인이 말한 "내가 너의 이름을 불러 주었
을 때 비로소 꽃이 된다"는 명 시구로 봄날 꽃 대화를 매듭지었다. 잠깐이었지
만 천변에 아무렇게나 꽃피운 들꽃 세상을 감상하나 우연히 '사람 사는 이치'에

까지 대화의 품격을 올려보게 되었다.

한참을 꽃 이야기에 푹 빠져 이런저런 얘기를 나누다 보니 천변 풍경이 확 바뀌어 있었다. 천변 저편엔 자그마한 숲도 조성돼 있고 그곳으로 두루미 몇 마리가 천천히 강가를 소요하고 있다. 천변엔 개를 데리고 산책 나온 분들의 여유 있는 발걸음도 인상적으로 눈에 들어왔다.

그렇게 숲도 보고 두루미도 보며 세상 가장 게으른 산책자로 해찰해 가다 보니 길 건너 아담한 마을이 눈에 들어왔다. 선생님은 이 동네가 도리골 마을로, 도토리처럼 오목하게 생겼다 해서 도토리골 마을이라고 부른다고 했다. 도리골 마을 조금 못 미처 하천 가운데 길게 외따로 선 섬 하나를 만난다. 특별한 지형은 아니고 자연스레 형성된 이름 없는 섬 안에 비둘기 한 마리가 평화롭게 놀고 있다.

무심하게 부는 바람과 하릴없이 노니는 저 비둘기의 발 밑엔 푸르른 클로버 풀밭이 깔려 있다. 운 좋으면 네 잎 클로버라도 한 잎 딸까 싶어 풀밭을 서성이며 클로버를 뒤적이다가 버드나무 아래 조붓이 놓여 있는 나무 벤치를 발견한다. 하얀 나무도, 돌아다니는 사람들도, 자전거 타고 한적하게 지나치는 사람들도 벤치엔 별 관심이 없는가 보다.

전주천변에 나무 벤치가 있고 버드나무가 있다. 어느 시인의 말처럼 '절망은 나무 벤치에 앉아 있다.' 절망이 나무 벤치에 앉아서 지나가는 사람을 불러도 돌아보고 벤치에 앉는 사람 하나 보이지 않는다. 누가 와서 이 나무 벤치에 앉을까? 버드나무 사이로 나무 벤치가 꽤 많이 자리 잡고 있다.

잠시 벤치에 앉아 걸어온 순간들을 되돌아보다 우리네 인생도 갈 곳 없이 무작정 서두를 것이 아니라 잠시 빈자리에 앉아 쉬었다 가야 하는 먼 길이 아닐까 하는 생각을 해 본다.

천변 길 저편 그늘이 있는 곳의 건너편이 팔복동이다. 팔복동은 팔과정과 신복리가 합쳐져서 팔복동이 됐다고 한다.

팔복동 천변은 덕진구 팔복동에 위치한 천변으로 만경강으로 흘러 들어가는 전주천의 일부이다. 팔복동 천변은 전주천의 아름다운 풍경을 감상할 수 있는 곳으로 봄이면 벚꽃을 감상하기 위한 꽃놀이 관광객의 발걸음이 이어진다. 천변은 자전거길과 산책길로 구분되어 있으며 천변 위 도로는 벚꽃 드라이브 코스로 알려져 있다. 자전거를 타고 주변 경치를 즐기기에도 안성맞춤으로 전주 자전거 나들잇길인 만경강 길이 이곳을 지나간다.

팔복동 천변 끝자락으로 만경강을 가로지르는 만경 철교가 보인다. 만경 철교는 일제 강점기 쌀 수탈의 아픈 역사를 간직한 철교로 현재는 폐철교가 되었으며, 현재는 만경강을 바라보며 차 한 잔의 여유를 즐길 수 있는 예술 열차가 그 위에 앉아 있다. 폐철교와 신철교 사이에는 1573년 선조 6년에 무인 최영길이 건립한 비비정이 자리하고 있다. 그렇게 전주천은 만경 철교 아래 흐르는 만경강으로 물길을 내주며 천으로서의 자취를 거두게 된다.

전주천, 아름다운 봄날에 나를 찾으러 떠난 길

가만히 눈을 감고 지나온 길들을 되새겨 본다. 걸으면서 내 몸을 훑고 가는 바람 사이로 '사각사각' '사그락사그락' 억새잎이 내게 속삭인다. 차분히 귀 기울여 듣고 있으면 어디선가 내면의 소리가 들려오는 듯하다. 그 소리를 따라 엉켜 있던 마음을 하나씩 풀어내다 보면 찌뿌듯하니 마음을 짓누르던 일상의 짐들이 스르륵 사라진다.

발로, 다리로, 몸으로 걸으면서 나는 자연스럽게 자기 실존의 느낌, 행복한 감정을 찾는다. 이따금 몸이 휘청거릴 만큼 바람이 세차지만 일렁이는 억새의 춤사위는 한순간도 놓치고 싶지 않다. 초록의 옷을 입고 은색의 옷을 덧입은 억새 숲을 보며 가노라면 빠르게 지나가 버리는 시간을 붙잡고만 싶어진다. 그런 기분을 아는지 바람의 운율에 맞춰 억새들이 기분 좋게 휘청거리며 길을 열어 준다.

인상 깊은 봄나들이에 더없이 좋은 전주천을 따라 걷는 길에서 황동규 시인의 시 한 구절을 낭송해도 좋으리라.

"당신이 나에게 바람 부는 강변을 보여 주면, 나는 거기에서 얼마든지 쓰러지는 갈대의 자세를 보여드리겠습니다."

강물을 따라 걸으며 누군가를 그리워한다는 것은 지상에서 누릴 수 있는 선한 복 가운데 하나라는 생각이 문득문득 들었다. 인간으로 태어나서 다행이고, 이렇게 걸을 수 있는 건강을 허락받아 무한 감사하고, 순간순간 맞닥뜨리는 아름다운 풍광을 함께 나누고 싶은 그리움이 있다는 것은 분에 겨운 행복이다.

한 방울 물방울이 떨어지고 다시 떨어진 물방울들이 모여 흐르는 것이 냇물이다. 다시 수많은 지류들이 모여 강이 되어 흐른다. 전주시 한가운데를 가로지르며 흐르는 전주천변을 걷는다는 건 전주의 역사와 문화, 민중들의 온전한 세상을 향한 염원의 물길을 온전히 느낀다는 것이다. 강변에 펼쳐진 평화로운 전주천변은 솜털 같은 잎을 피워 낸 억새들이 눈이 오기 전인데도 하얀 눈꽃처럼 가득하다. 바람결에 살랑이는 억새들의 은빛 물결은 파란 하늘 아래로 전주천과 어우러지며 생명이 움트는 아름다운 봄날을 더욱 기억에 남게 만든다.

봄을 알리는 연두, 초록 잎들이 바람 불면 눈 오듯 휘날리며 생명의 봄을 마음껏 노래한다. 노랗고 빨간 꽃들과 새순이 오른 녹색 나무, 꽃을 찾아 자유로이 노니는 나비며 벌들의 날갯짓 속에 자연이 주는 선물 같은 풍경을 연출하는 너무나 자연스러워 아름다운 전주천 길. 세상은 그래서 조금은 살 만한 곳이 아니냐고 전주천 풍경은 나지막이 속삭이는 것 같다.

천년 고도 문화유산의 자취를
따라가는 전주 한옥마을 길

거리 및 소요 시간 : 4km, 3시간

코스 경로
한벽당, 전주 향교, 오목대, 경기전, 전동 성당, 풍남문, 전라 감영 터,
전주 약전 거리, 이창호 옛집, 서문교회 부근 김개남 처형지, 전주 객사

전문가 : 신정일 (문화사학자, 여행 작가)

천년 고도 문화유산의 자취를 따라가는 전주 한옥마을 길

어느 때나 좋은 곳이지만 아침이 열리는 이른 아침, 한벽당(寒碧堂)에 올라 본 사람은 알 것이다. 그윽한 아름다움이라는 것이 무엇인지를. 전주천에 물안개가 피어오르고, 흐르는 물소리와 지저귀는 새 소리 너머로는 강 건너 남고 산성이 보인다. 자연 중의 일부분인 내가 나에게, 자연에게 지금이 무슨 시간인지를 묻는 시간. 아침 정자는 그런 곳이다.

완주군 상관면 용암리 슬치재에서 비롯된 전주천은 고덕산 자락을 지나 색장동에서 전주시에 이른다. 중바우 아래를 지나며 휘돌아가는 벼랑에 한벽당(寒碧堂, 전라북도 유형 문화재 제15호)이 자리 잡고 있다. 규모가 크지는 않

지만 남원 광한루, 무주 한풍루와 함께 삼한(三寒)으로 꼽히는 이 정자는 이름의 '찰 한(寒)'에 '물이 너무 깊어 차가운 기운이 넘치는 곳'이라는 의미가 담겨 있다. 예로부터 '한벽청연(寒碧晴讌)'이라 하여 완산 팔경의 하나로 손꼽혔다.

이 한벽당이 《여지도서》에는 다음과 같이 실려 있다.

관아의 남쪽 5리 성황산 서쪽 기슭에 있다. 깎아지른 듯이 서 있는 돌벼랑이 마치 떨어질 듯이 굽어보고 있으며, 대 아래에는 냇물이 흐른다. 고 참의 최담이 돌 모퉁이를 깎아 내고 정자를 지었다.

조선 태종 때 사람인 월당 최담은 직제학으로 있다가 벼슬에서 물러나 낙향한 뒤 이 정자를 지었다.

최담이 지은 이 정자의 처음 이름은 '월당루(月塘樓)'였다. 깎아 세운 듯한 암벽과 누정 밑을 흐르는 물을 '벽옥한류(碧玉寒流)'라고 묘사했는데, 훗날 그 글로 인하여 한벽당이라 바꾸었다. 1683년(숙종 9년)과 1733년(영조 9년)에 중수되었고, 현재의 건물은 1828년(순조 28년)에 완성되었다. 불규칙한 암반에 맞추어 높낮이가 다른 돌기둥으로 전면 기둥을 세우고, 뒤쪽은 마루 밑까지 축대를 쌓아 누각을 조성했다.

고산 윤선도, 다산 정약용, 초의 선사, 면암 최익현 등의 유명 인사들이 시와 중수기로 찬양하였다. 최담의 15세 손인 최전구가 면암 최익현에게 부탁해 받은 〈한벽당 중수기〉에는 정자 일대의 풍경이 자세히 묘사되어 있다. 1897년 이곳을 찾았던 최익현은 나아갈 때와 물러날 때를 알았던 최담의 행적을 더도 덜도 아니게 정확하게 표현하면서 지식인의 처세를 간파했다.

"지금 전주부 향교에서 동쪽으로 가면 속탄 뒤에 숲이 우거져 상쾌한 곳이 있는데, 여기에 한벽당이라는 당이 있다. 이곳은 월담공이 평소에 거처하던 곳으로, 당의 서북쪽에 참의정이라는 우물이 있다. (…) 주자의 시에 '깎아 세운 푸른 모서리(削成蒼石稜)/찬 못에 비쳐 푸르도다(倒影寒潭碧)'라는 시구가 있으니 한벽당이라고 이름 지은 것은 혹 여기에서 따온 것이 아닌가 한다."

한벽당은 정면 3칸, 측면 2칸의 팔작집으로 삼면이 개방되어 있고, 마루 주위에는 머름과 계자 난간만이 둘러져 있다. 정자 난간에서 보면 전주천이 휘 돌아가는 모습이 한눈에 들어오고, 강 건너 남고 산성이 눈 안에 가득 차며, 한벽당의 바로 동쪽에는 요월대(邀月臺)라는 작은 정자가 마치 하나의 건물인 듯 서 있다.

한벽당에서 전주천을 따라 조금 내려가면 전통 문화 센터에 이르고 골목으로 들어가면 전주 향교가 있다.

전주 향교의 가을

'조선의 가을 하늘을 세모 네모로 접어 편지에 넣어 보내고 싶다.'

《대지》의 작가 펄 벅이 조선의 가을 하늘을 예찬한 글이다.

전주에서 푸른 가을 하늘 아래 펼쳐진 풍경이 가장 아름다운 정취를 자아내는 곳은 어느 곳일까? 누구나 이구동성으로 전주 향교(全州鄕校)를 손꼽을 것이다. 대성전 앞과 명륜당 앞에 노란 은행나무가 우뚝우뚝 서 있다.

"나무는 별에 가 닿고자 하는 대지의 꿈이다."

반 고흐의 말을 상기시키듯

하늘을 향해 치솟은 노란 은행나무가 한 잎 두 잎, 또는 우수수 떨어질 때의 모습, 그리고 노란 나비들이 춤을 추듯 덮인 모습은 가히 환상적이다.

전주시 완산구 교동에 자리 잡은 전주 향교는 고려 말에 창건되었다고 전하는데, 그 당시 위치는 현재의 경기전(慶基殿) 근처였다. 1410년(태종 10년) 태조 이성계의 영정을 봉안하기 위해 경기전을 세우면서 향교에서 들리는 글 읽는 소리가 시끄럽다는 말이 나자 전주성의 서쪽에 있는 화산동으로 이전하였다. 그 뒤 1603년(선조 36년)에 현재의 위치로 다시 옮겼다. 향교가 전주 부성

과 너무 떨어져 있고, 객사를 기준으로 왼쪽에 문묘, 오른쪽에 사직단을 두도록 한 좌사우묘(左社右廟) 제도에 어긋난다 하여 순찰사 장만과 유림들이 힘을 합친 결과였다.

전주 부사를 지낸 양극산이 남긴 《전주 향교》 기문을 보자.

"완산은 탕목읍과 같은 고을이기 때문에 일반 고을에 견줄 곳이 아니다. 그래서 완산에서 배향하는 숫자를 한결같이 성균관처럼 하였다. 대성전에는 다섯 분의 성인을 받들어 모시고 열 분의 공자 제자들의 위패를 곁에 모시고 있다. 대성전 앞의 동무와 서무에는 우리나라의 여러 현인들의 위패가 차례대로 줄을 지어 있다."

전주시 교동 한옥 보존 지구와 인접해 있는 전주 향교는 제향 공간인 대성전이 앞쪽에 있고, 대성전 앞뜰 좌우가 동무와 서무로 구성되어 있다. 강학 공간인 명륜당과 동서재를 뒤쪽에 두어 전묘후학의 배치를 따랐다.

홍살문과 하마비를 지나면서 전개되는 향교는 정면 3칸에 측면 2칸의 중층 팔작지붕 건물인 만화루를 들어서며 시작된다. 나주 향교와 마찬가지로 일월문, 대성전, 명륜당이 하나의 중심축을 이루고, 계성사가 서북쪽 뒤에 위치한다. 대성전은 정면 3칸, 측면 3칸 규모의 맞배지붕 건물로 1653년(효종 4년)에 고쳐 세웠다. 그 뒤 1907년 군수 이중익이 중수하여 오늘에 이르고 있다.

조선의 정치가이자 문장가인 서거정은 전주 향교와 전주를 두고 다음과 같은 글을 남겼다.

"삼가 생각하건대 우리나라는 유학을 숭상하고, 도를 중시하며, 학교를 세우고 스승을 세우니, 비록 궁벽한 고을이라도 다 그러하거늘, 하물며 전주는 우리 조종의 고향 땅이며, 남국의 인재가 모인 듯한 곳인데 더 말할 것이 있으랴. 그러니 교육을 제일로 삼는 데다 고을의 자제들이 또 문헌 세가들이 많으니, 선을 좋아하고 학문을 좋아하므로 일향의 교화가 잘되고, 많은 인재가 그 중에서 배출되는 곳이다."

전주 향교에서 나오면 풍락헌 또는 음순당이라고 불렸던 전주 동헌에 이른다. 원래의 자리가 아닌 이곳에 세워진 전주 동헌은 팔작지붕의 7칸짜리 집으로 처마에는 풍락헌이라고 쓰여진 현판이 달려 있다.

풍락헌이라는 이름은 풍년이 들어 즐거운 집이라는 뜻으로, 바닥에 장대석을 깔고 그 위에 주춧돌을 올린 일자형 집이다. 전주 동헌 풍락헌은 일제 강점기 때 매각되어 완주군 구이면 덕천리로 옮겨 전주 유씨의 제각으로 사용했다가 2009년 원래의 위치로 다시 복원한 것이다. 전주 동헌에는 풍락헌 외 내삼문과 안채, 중간채, 사랑채로 구성되어 있는데 모두 고증을 거쳐 복원한 건물이다.

풍락헌을 지나 아기자기하게 들어선 집들 사이로 눈 아래 펼쳐진 한옥들을 내려다보며 나지막한 산길을 거닐다 보면 오목대에 이른다.

오목대와 한옥마을

일찍부터 전주의 명소로 알려진 오목대(전라북도 기념물 제16호)에는 조선을 건국한 이성계의 일화가 전해져 온다. 1380년(우왕 6년) 삼도 순찰사 이성계가 종사관 정몽주와 함께 참전하여 운봉의 황산에서 아지발도가 이끄는 왜군과 격전을 벌여 대승을 거두었다.

황산 전투에서 역사에 길이 남을 승리를 거둔 이성계가 귀경하는 도중에 선대들의 고향인 이곳 오목대에서 전주 이씨들을 초청하여 승전 잔치를 베풀면서 '대풍가'를 불렀다.

이성계가 이곳 오목대에서 승전 잔치를 베풀면서 새로운 나라를 열고자 하는 대야망을 품었다고 말하는 사람들도 있지만, 역사는 우연과 필연이 교차하

면서 이루어지는 것이라 확언할 수는 없다. 하지만 황산 전투가 이성계 인생의 한 분기점이었던 것만큼은 분명하다.

그 뒤 조선 왕조를 개국한 태조 이성계는 이곳에 정자를 짓고 이름을 오목대 (梧木臺)라고 하였는데, 이곳에 오동나무가 많았기 때문에 언덕 이름을 그렇게 지었다는 설이 있다. 《여지도서》 '전주' 편에 '발산 아래에 오목대가 평평하게 펼쳐 있다.'고 기록되어 있다.

경기전에서 남동쪽으로 500미터쯤 떨어진 자그마한 동산에 서 있는 오목대는 한옥마을이 가장 잘 조망되는 곳이다. 동쪽에 우뚝 서 있는 승암산에서 오목대까지 산이 이어져 있었지만 일제 시대에 익산에서 여수까지 이어지는 전라선 철도가 부설되면서 맥이 끊겼다. 오목대에서 육교를 건너면 이성계의 4대조인 이안사가 살았던 이목대가 있다. 오목대 서쪽에 1900년(고종 37년) 고종이 친필로 쓴 '태조 고황제 주필 유지(太祖高皇帝駐畢遺址)'가 새겨진 비가 세워져 있고, 이목대에도 고종의 친필로 '목조 대왕 구거 유지(穆祖大王舊居遺

址)'라 쓴 비가 있다.

봄이면 벚꽃, 여름부터 가을까지는 배롱나무 꽃, 가을에는 단풍이 아름다운 오목대에서 어느 쪽으로 내려다보거나 고풍스러운 한옥이 그림처럼 펼쳐지는데, 바로 전주 한옥마을의 풍경이다.

풍남동과 교동 일대에 자리 잡은 전주 한옥마을은 일제 강점기 조선 사람들이 일본 상인들에 대항해 조성한 한옥촌으로, 서울의 북촌, 가회동과 함께 온전하게 보존된 한옥 지구다. 초창기에는 800여 채의 한옥들이 밀집해 있었지만, 한옥마을이 전주를 대표하는 관광지로 유명해지면서 일부는 정비되고 600여 채가 남아 고풍스러운 아름다움을 연출하고 있다.

대전 동춘당이나 안동 임청각, 하회 마을 충효당 같은 보물이나 중요 민속 자료는 없지만 전주에서만 볼 수 있는 아름다운 한옥들이 여러 채 있다. 전주 한옥마을이 전국적으로 알려지자 일 년에 1000만 명의 관광객이 모여드는 명소로 거듭났고, 그 틈새를 비집고 유행한 것이 남녀노소 한복을 빌려 입고 한옥마을을 답사하며 사진 찍는 풍경이다. 현장 체험 온 학생들까지 단체로 한복을 입다 보니, 한옥마을을 걷다 보면 마치 조선 시대로 여행을 온 것 같은 느낌이 들 때도 있다. 전주시는 한옥마을을 가로지르는 도로 가에 인공 시내를 만들고 사시사철 물이 흘러가도록 해 도심 속에서 자연을 느낄 수 있게 했다.

한옥마을에는 경기전(어진 박물관)과 김치 문화관, 소리 문화관, 부채 문화관, 완판본 문화관, 전주 전통 술 박물관, 최명희 문학관 등 문화 유적과 시설이 집결되어 있다. 한벽당과 전주 향교, 오목대·이목대, 전동 성당 등도 한옥마을 안에 있는 전주의 명소들이다. 한옥마을은 전주의 얼굴이며 상징이고, 전주 여행의 출발점인 셈이다.

경기전과 순교의 터

전주 한옥마을의 끝자락에 경기전(사적 제339호)이 있다. 경기전은 조선을

건국한 태조 이성계의 어진(보물 제931호)을 모신 곳이다. 당시 26폭의 태조 어진이 있었다는데, 1410년(태종 10년) 전주와 경주, 평양 세 곳에 어용전이라는 이름의 건물을 세우고 그 안에 어진을 모셨다. 1442년(세종 24년)에 전주는 경기전, 경주는 집경전, 평양은 영숭전으로 이름을 바꾸었다. 경기전은 1597년(선조 30년) 정유재란 때 소실되었다가 1614년(광해군 6년) 11월에 중건되었다. 1872년에는 태조 어진을 새로 모사하여 봉안하면서 크게 보수하였다.

　울창한 나무 숲과 잘 가꾸어진 정원이 사계절 멋진 경기전으로 들어서면 맨 처음 만나는 구조물이 하마비다. 앞면에는 '여기에 이르렀거든 누구든 말에서

내리라. 잡인들의 출입을 금한다.'라고 적혀 있으며, 뒷면에는 1614년에 세웠다는 내용이 새겨져 있다.

홍살문과 외삼문, 내삼문을 지나면 정전(보물 제1578호)이다. 현재 이곳에 모셔져 있는 태조 어진은 1442년에 그린 것으로, 임진왜란 이후 정읍 내장산 용굴암, 충청도 아산현, 강화도, 정주 등지로 피신길에 올랐다가 1614년 경기전이 중건되면서 다시 돌아왔다. 1872년(고종 9년)에 고쳐 그렸고, 1894년 동학 농민 혁명 때는 위봉 산성의 행재소로 피난을 다녀왔다.

경기전에는 조선 왕조 실록각, 전주 이씨의 시조인 이한을 모신 조경묘, 세조의 아들인 예종 대왕의 태실(전라북도 민속 문화재 제26호) 등이 있어 역사 여행에 빠져 볼 수 있다. 경기전 건너편에 전동 성당이 있다.

순교자의 믿음 위에 세워진 전동 성당

우리나라에서 가장 아름다운 성당 중 한 곳으로 꼽히는 전동 성당은 한옥마을 초입에 자리 잡아 오가는 관광객들과 천주교 신자들의 발길이 끊이지 않는다. 천주교 전주교구 전동 성당(사적 제288호)은 1791년 신해박해 당시 윤지충 바오로와 권상연 야고보가 야고보가 순교했던 곳이다.

1791년(정조 15년) 11월 8일 자《조선 왕조 실록》'윤지충과 권상연을 사형에 처하다'라는 기록을 보자.

전라도 진산군은 5년을 기한으로 현으로 강등하고 53 고을의 제일 끝에 두도록 하라. 그리고 해당 수령이 그 죄를 짓도록 내버려 두었는데, 그가 감히 관청에 있어서 몰랐다고 말할 수 있겠는가. 그가 먼저 적발했다는 것을 가지고 용서할 수는 없다. 일전에 계사에 대해서 역시 일의 결말을 기다려 처분하겠다고 비답하였으니, 해당 군수는 먼저 파직하고 이어 해부로 하여금 잡아다가 법에 따라 무겁게 처벌토록 하라.

그들이 순교당한 그 터를 1891년(고종 28년)에 보드네 신부가 성당 대지로 매입하면서 역사가 시작되었다. 1908년 프와넬 신부의 설계로 착공하고 1914년 준공했다.

대지 4000평, 건평 189평 규모의 전동 성당은 회색과 붉은색 벽돌을 이용해 비잔틴 양식과 로마네스크 양식을 혼합해 지었다. 일부 벽돌은 당시 일본 통감부가 전주 읍성을 헐면서 나온 흙을 구워 만들었고, 풍남문 인근 성벽에서 나온 돌로 주춧돌을 삼았다. 초기 천주교 성당 중 규모가 가장 크고 외관이 화려해 사람들의 눈길을 사로잡는다. 성당 앞에는 윤지충과 권상연의 동상이 서 있다. 사제관은 전라북도 문화재 자료 제178호로 지정되었다.

전동 성당에서 나와 팔달로를 건너면 보이는 우람하고도 웅장한 성문이 전주 풍남문이다.

천년 고도 전주의 상징물 풍남문

전주에서 오랫동안 살아온 사람들은 천년 고도 전주의 상징물로 풍남문(보물 제308호)을 꼽는다. 전주의 4대 문 중 유일하게 남아 있고, 전주의 재래 시장 중 가장 큰 남문 시장에 인접해 있으면서 사람들의 삶 속에 스며들었기 때문일 것이다.

1894년 동학 농민 혁명이 일어나기 전까지만 해도 전주 부성 네 곳의 성문 밖에는 모두 시장이 섰다. 남밖장이라고도 부르는 남문 밖 장터에서는 생활용품과 곡식들이 거래되었고, 선밖장이라고 부르는 서문 시장에서는 소금과 깨 같은 양념과 어물, 북문 시장에서는 비단을 포함한 포목과 잡곡, 동문 시장에서는 한약재와 특용 작물이 주로 거래되었다. 1924년에 선밖장이 남밖장에 병합되었는데, 거리가 가까운 두 시장 중 모든 여건에서 남밖장이 우세했기 때문이다. 전주 부성에서 가장 큰 장이 섰던 남문 일대 사람들이 드나들던 문이 풍남문이다.

태조 이성계의 조선 왕조가 들어선 뒤 태조의 관향인 전주는 풍패지향으로 중시되어 1392년 완산 유수부로 승격되었다. 그 뒤 호남 지역을 관할하는 전라도의 수부가 되었고, 관찰사 최유경의 주도로 전주성이 축성되었다. 세월이 흘러 성이 심하게 훼손되자 1733년(영조 9년) 전라도 관찰사로 부임한 조현명이 대대적인 개축을 하였다. 전주를 호남의 수도일 뿐만 아니라 교통의 요지로서 비상시에 반드시 사수하여야 할 전략적 요충지로 본 조현명은 견고한 석성을 새로 쌓았다.

동서남북 네 곳에 문루를 다시 세우고, 3층으로 지은 남문은 안팎으로 홍예를 틀어 올린 뒤 그 위에 2층 문루를 올렸다. 그리고 남문의 이름은 명견루, 2층으로 지은 동문은 판동문, 서문은 상서문, 북문을 중차문이라 이름 지었다. 새로운 이름은 관찰사 조현명, 판관 구성필, 중국 최덕 등 세 사람의 직함에서 한 자씩 따온 것이다.

아래는 《여지도서》에 실린 당시의 기록이다.

"전라도에 부임한 이듬해인 갑인년(1734, 영조 10년) 5월 갑신일에 성을 지키는 신인 성황에 제사를 올려 알리고, 옛 성을 철거했다. 황방산과 흑석동에서 나무를 베어 오고, 2월 3월에 돌을 운반해 왔다. 4월, 5월, 6월에 새 돌과 옛 돌을 섞어 성을 쌓고, 7월, 8월에 이곳에 무지개 모양으로 문루를 세웠다. 이렇게 하여 전주성을 고쳐 쌓는 일이 끝났다."

그러나 이 건물은 오래 가지 않았다. 그로부터 30여 년이 지난 1767년(영조 43년) 전주 부성에 큰불이 나면서 공공 건물 백여 채와 민가 수천 채가 잿더미가 되고 말았다. 이듬해인 1768년 문루를 복구한 관찰사 홍낙인은 전주가 '왕실이 발원한 곳이자 옛부터 풍패라고 일컬어 온 연고로(璿潢發源之地 古有豐沛之稱故)' 남문 명견루의 이름을 풍남문으로 고치고, 상서문을 패서문으로 고쳤

다. 1775년(영조 51년)에는 관찰사 서정수가 동문과 북문을 중건하여 완동 문루, 공북 문루로 이름을 고쳤다.

역사 속에 수없이 흥망성쇠를 이어오면서도 조선 500년간 전라도 수부의 성곽으로 자리매김해온 전주성은 순종 원년인 1907년 도시 계획을 새로 세우면서 성곽과 성문이 모두 철거되고 말았다. 동문과 북문, 서문이 다 철거되었는데, 다행스럽게도 남문인 풍남문만 화를 면하고 남아 있다가 1978년부터 3년에 걸친 보수 공사 끝에 새로운 모습을 드러낸 것이 지금의 풍남문이다. 복원된 풍남문은 1층이 정면 3칸에 측면 3칸, 2층은 정면 3칸에 측면 1칸의 중층 문루 팔작지붕이다.

옛 사람들이 노상 들락거렸던 호남 제일문인 풍남문이 지금은 닫혀 있다.

날만 밝으면 외할머니는 문이란 문은 있는 대로 열어 두셨습니다. 햇살과 바람과 소나기와 구름이, 땅강아지와 풀벌레 소리와 엿장수와 똥개들이 제멋대로 드나들었습니다. (중략) 문이라고 생긴 문이란 문은 있는 대로 처닫고 사는

이웃들을 만날 때면 더더욱 외갓집이 생각납니다. 더 늙기 전에 그런 집 한 채 장만하고 싶어집니다.

이관주의 시에서 나오는 외갓집처럼 언제나 마음대로 들락거릴 수 있다면 얼마나 좋을까? 생각하며 북쪽으로 난 길을 따라가다가 보면 전라 감영에 이른다.

70년 만에 복원된 전라 감영

조금 늦었을 뿐이다. 그렇게 생각하면서도 너무 늦은 것이다. 이미 오래전에 대구에 세워진 경상 감영이나 공주에 세워진 충청 감영을 보고 부러워만 하다가 2020년 10월 전라 감영 터에 사라지기 전의 모습을 드러낸 전라 감영을 보면 만감이 교차한다.

전라 감영은 조선 왕조 500년 동안 전라도 일내와 제주도까지 관할했던 곳이다. 전라 감사가 업무를 보고 휴식을 취했던 선화당은 전라 감영이 처음 생길 때 관찰사의 청사당(廳事堂)으로 세웠다. 정유재란 때 불에 타버린 뒤 1598년(선조 31년)에 관찰사 황신중이 다시 세웠다. 1771년에 관찰사 윤동승이 재건하고, 다시 불에 타서 사라졌던 것을 관찰사 정민이 1792년에 다시 재건하였다. 1894년 동학 농민 혁명 때는 이곳 선화당에서 집강소 설치를 위한 전주 화약을 맺었다.

전라 감영에는 선화당뿐만이 아니라 연신당과 감사 가족들이 지낸 내아, 내아 행랑과 비서실장인 예방 비장이 일하는 응청당, 그리고 오늘날에 보좌관인 비장들의 집무실인 비장청 등이 있었다. 선화당 북쪽에 있던 현도관은 전라 도사가 사무를 보던 곳이었고, 중군이 사무를 보던 주필당은 선화당 남쪽에 있었다. 역대 관찰사들의 심부름꾼이자 전주 대사습 놀이 주역으로 알려진 통인들의 대기소인 통인청, 약재를 다루는 심약당, 법률을 다루는 검률당, 한지를 만드는 지소, 책을 출간하는 인출방, 진상품 부채를 만드는 선자청도 전라 감영 안에 있었다.

조선 왕조 500년 동안 군사에서 사법까지 강력한 권한을 행사했던 전라 감영은 1951년 한국 전쟁 당시 폭발 사고로 완전히 사라졌다. 이듬해인 1952년 그 터에 전라북도 청사가 들어섰고, 1996년 도 청사 이전 계획이 확정되자 전라 감영 복원 논의가 시작되었다. 도 청사가 철거된 뒤 2017년 11월 본격적인 복원 사업이 시작되었고, 2020년 70년 만에 1단계 사업이 마무리되었다. 웅장한 외관과 우아한 곡선의 팔작지붕이 돋보이는 선화당을 비롯해 7동의 핵심 건물이 모두 옛 모습을 되찾았다. 새로 지어진 선화당 내부에는 1884년 전라 감영을 방문했던 미국 공사관 무관인 조지 클레이튼 포크의 사진 자료를 재현한 6폭의 디지털 병풍이 있다. 선화당 북쪽에는 200년 된 회화나무가 서 있고, 회화나무 근처에는 관찰사가 휴식을 취하던 연신당이 들어섰다. 관찰사 가족들이 지내던 내아와 내아 행랑이 복원되고, 다가 공원에 있던 이서구를 비롯한 전라 감사 선정비들도 이곳으로 옮겨졌다.

완산은 곱고 새뜻하니 한 옛날에 명도로다. 용호가 서리고 걸터앉은 듯 울성하게 얽혀 있네. 국조의 근원이 이곳에서 비롯되니, 대대로 맑은 덕음이 동우에 덮혔어라.

11코스 한옥마을 길

조선 초기의 문신 이승소의 시로 남아 전해지던 전라 감영이 새로운 모습으로 그날의 역사를 바람결에 들려주고 있다.

전라 감영을 나와 경원동 우체국을 지나면 충경로에 이르고 그 건너편에 전주 객사가 있다.

전주 객사와 풍패지관에 서린 이야기

전주 사람들이 오랜만에 친구를 만날 때 많이 정하는 약속 장소가 '객사 앞'이었다. 약속 시간보다 일찍 온 사람은 객사에 들어가 마루에 앉아 기다렸다.

고향집 마루처럼 친근한 공간이었다.

객사는 고려와 조선 시대에 각 고을에 설치하였던 관사를 일컬으며 객관(客館)이라고도 불렀다. 오늘날로 비유한다면 지방 국립 호텔 정도 되겠다. 본래의 모습을 지키며 보존된 객사는 고창 무장 객사, 부여 홍산 객사, 나주 금성관 등이 있고, 북한에는 평안도의 안변과 성천 객사가 남아 있다. 여수 진남관이 국보 제304호, 강릉 객사의 정문이던 강릉 객사문이 국보 제51호로 지정되어 있다.

전주의 중심지인 중앙동에 위치한 전주 객사(보물 제583호)가 언제쯤 창건되었는지는 분명치 않다. 2022년 2월 전주시에서 객사 주변을 발굴 조사한 결과에 따르면, 전주 객사가 최소 고려 공민왕 때인 1366년에 만들어졌다는 '전주 객사 병오년조' 한자가 찍힌 고려 시대 기와 조각과 고려 시대 기와와 상감 청자 조각이 발견되어 고려 시대부터 존재했던 것으로 알려졌다.

'남자라면 다 같이 고생과 영광이 있건만, 가슴속에 쌓인 덩이 모두 불평뿐이네. 종일토록 영중에 무릎 꿇고, 날이 새면 창 밖에 나가 스스로 호명하네. 여러 차례의 광언 눈썹을 지지고 싶고 편협한 분개 사라질 수 없어 병이 생기려 하네. 백 가지로 잘못을 찾아보지만 굽힐 수 없나니 이 마음 길이 물과 같이 맑다오.

전주에서 벼슬살이를 시작한 고려 시대의 천재 이규보가 《동국 이상국 전집》 제9권에 '전주 객사(全州客舍)에서 밤에 자다가 편협한 회포를 쓰다'라는 시를 남겼다. 이 전주 객사를 새롭게 중창한 것은 조선 초기였다.

1471년(성종 2년) 전주 부윤이던 조근, 판관 김신이 주동하여 전주 사고(全州史庫)를 창건하고 남은 재목으로 서익헌을 동익헌과 같은 규모로 고쳤다는 기록이 남아 있다. 그 이전에 객사가 있었다는 얘기며, 정유재란 때 불에 탄 것을 다시 중건했을 것으로 여겨진다. 일제 시대인 1922년 이후 전라북도 물산 진열소(후에 산업 장려관)로 쓰였고, 전주 관민의 유연 장 및 기타 모임 장소로도 사용되었다. 1937년부터 전라북도 교육 참고관으로 쓰이다가 오늘에 이르렀다.

전주 객사의 주관은 정면 3칸, 측면 4칸의 겹처마 맞배지붕 단층 건물이고, 그 좌우에 두 개의 날개처럼 익헌을 두었다. 서익헌은 정면 5칸, 측면 3칸의 주심포 건물이다. 동익헌은 1914년 철거되었다가 1999년 복원되었으며, 앞쪽으로는 중문과 외문이 들어서 있었다. 하지만 객사 중앙에 있었다는 진남루, 동북쪽 구석에 있었다는 매월당, 서쪽에 있었다는 청연당은 흔적조차 없다. 객사 앞에 큰길이 나면서 건물들이 사라진 것이다. 조선 중종 때의 문신 신용개가 매월당을 노래한 시 한 수가 남아 있을 뿐이다.

매화와 달이 서로 청신함을 다투어 맑은 빛 담담한 모습이 우리의 벗이로다. 달 그림자가 천상에 춤을 추니 고시산에 아가씨처럼 고운 신선이 아닌가.

전주 객사에서 가장 먼저 눈에 띄는 것이 '풍패지관(豐沛之館)'이라고 쓴 편액이다. 풍패는 중국 한 고조의 고향을 일컫는 말인데, 전주가 조선을 건국한 태조 이성계의 본향이라는 뜻으로 객사에 그 이름을 쓴 것이다. 선조 때 사신으로 와서 허균의 영접을 받았던 중국 문장가 주지번의 글씨로 알려져 있다. 한 글자의 키가 1미터를 넘어 옆으로는 칸살 하나를 다 차지하고 위로는 창방에서 서까래 끝동까지를 가득 채운다. 2012년 전주 객사는 공식 명칭을 풍패지관으로 바꾸었다.

객사길은 요즘 '객리단길'로 통한다. 서울의 관광 명소인 '경리단길'을 표방하며 다양한 맛집과 예쁜 카페들이 속속 들어서 젊은이들이 많이 찾는 거리로 되살아났다.

전주의 역사와 문화를 속속들이 간직한 전주 천년 고도 옛길 11코스를 걷다가 보면 어디선가 불쑥 이규보나, 김시습, 서거정, 전봉준, 김개남이 불쑥 나타나 내 앞을 가로막고 "어디를 그렇게 급히 가는가?" 하고 물을 것 같다.

조선시대 6로인 통영대로 길
조선시대 옛길을 따라서 전주를 걷다

거리 및 소요 시간 : 15km, 7시간

코스 경로

삼례 비비정 → 화전동, 동산촌, 팔복동 추천대, 떡전거리, 전주 객사,
오목대, 한벽당, 색장동, 은석동 → 정여립의 집터

전문가 : 김종우 (여행 작가)

전주는 조선 시대 옛길로 6로인 통영대로와 7로인 삼남대로가 나뉘던 길이
다. 조선 시대에 서울의 고위 관리들이나 지방 수령들이 전주를 거쳐 통영으로
갈 때 갔던 길이 어느 길일까?

조선 시대 옛길은 서울을 출발하여 경기도를 경유하고 최종 목적지에 이르
렀다. 《동국여지비고(東國輿地備攷)》 제2권에 실린 서울에서 우리나라 각 지
역에 이르던 9대로가 다음과 같이 기록되어 있다.

- 第1로 : 서북(西北)으로 의주(義州)에 가는 길. 관서 대로라고 불리는 의주로가 된다.
  홍제원(弘濟院)과 양철평(梁鐵坪)을 경유한다.
- 第2로 : 동북으로 경흥부 서수라진(慶興府 西水羅津)에 가는 길. 흥인문(興仁門)과
  수유치(水踰峙)를 경유하는 이 도로를 경흥로라고 부른다.
- 第3로 : 동으로 평해군(平海郡)에 가는 길. 흥인문과 중량포(中梁浦, 중랑포)를
  경유하는 이 도로가 관동 대로다.
- 第4로 : 동남으로 동래부, 부산진으로 가는 길.
  숭례문과 한강진(漢江津)을 경유하는 이 길을 영남 대로라고 부른다.
- 第5·6로 : 남으로 고성현(固城縣)과 통제사영에 가는 길.
  두 길로 나뉘는데, 한강진을 경유하는 것이 제5로가 되고 경남 통영에 이르는 길이다.
  노량진을 경유하여 삼례 지나 전주 거쳐 통영으로 가는 것이 제6로, 곧 통영 대로가 된다.
- 第7로 : 삼례에서 갈재 넘고 나주를 지나 해남에서 제주로 가는 길. 노량진을 경유한다.
  이 길이 삼남 대로다.
- 第8로 : 서남으로 보령현(保寧縣) 수군절도사영에 가는 길. 노량진을 경유한다.
- 第9로 : 서쪽으로 김포 거쳐 강화부로 가는 길. 양화진(楊花津)을 경유한다.
  그중 제6로가 삼례 거쳐서 전주의 중심부를 지나 통영으로 가는 통영 대로였고,
  삼례를 지나 정읍 갈재를 넘고 나주를 지나 해남 거쳐 제주도로 가는 길이 제7로인
  삼남 대로였다.

삼례는 조선 시대에 교통의 요지였기 때문에 동학 농민 혁명 당시에도 제2

삼례 비비정

차 기포인 삼례 기포가 일어났던 곳이다. 본래 삼례는 전주군 오백조면(五百條面)이었다. 조선 시대에 삼례도찰방(參禮道察方)이 있었기 때문에 삼례역 또는 삼례라고 불렸다.

삼례가 그처럼 중요했던 것은 서울에서 삼례까지의 거리가 500리였고, 또 삼례에서 경상도 우수영(右水營)이 있던 통영까지 500리였으므로 그 중간 지점이었기 때문이다.

삼례는 조선 시대 9대로 중 전북의 전주와 남원, 경남의 함양, 진주를 거쳐 통영으로 가는 '6대로'인 '통영대로'와 제7대로인 삼남 대로가 나뉘는 곳이었다. 또한 전남의 순천, 여수, 고흥, 광양 방면은 물론 경상도 남해, 함양, 진주, 고성, 산청, 통영 방면도 모두 이곳 삼례를 거쳐서 갔다. 따라서 삼례역은 호남 제일의 역으로서 전라도 역도인 삼례도(三禮道)의 중심역이었다.

갑오개혁 시기까지 존속된 삼례역은 전주와 임실, 임피, 익산, 진주, 정읍, 부안, 김제에 걸쳐 모두 12개의 역을 관할하였다. 삼례의 비비정에서 만경강을 건너면서 삼남 대로와 통영 대로가 나뉘는데, 전라선 철길이 놓여지기 전까지는 배를 타고 강을 건넜다. 그 강을 바라보는 정자가 비비정이다.

한 폭의 유화같이 펼쳐진 한내천을 그윽이 바라보다가 만경강을 건넌다. 그곳에서 이서 쪽으로 빠지는 삼남 대로와 이별하고 전주 쪽으로 발길을 옮기는데, 그곳이 전주시 화전동이다. 꽃이 많았으므로 화전(花田)이라고 불리는 화전동의 원화전에는 옛날에 '대천 주막'이라는 큰 주막이 있었고 마방(馬房)이 있어서 이곳을 지나던 수많은 소 장수들이 이용했다고 하는데 아무리 보아도 그 흔적을 찾을 수가 없다.

화전동에서 여정은 논두렁 길을 지나 쪽구름이라는 동산동으로 이어진다. 동산동은 본래 전주군 조촌면의 지역으로 쪽구름 또는 편월(片月)이라고 불렸는데, 일제 시대에 일본인 농장주 이름을 따서 오늘에 이르렀다.

1990년대 동산동이라는 이름을 조각 구름 마을로 바꾸기 위해 많은 사람들이 여러 방법을 동원했어도 바꾸지 못했는데, 세월의 흐름 속에 본래의 이름을 되찾아서 쪽구름 도서관 등 쪽구름이라는 이름이 여기저기 보였다.

수많은 사람들이 바꾸고자 했던 이름, 쪽구름이 보편화되어서 쪽구름 동, 쪽구름 슈퍼, 쪽구름 우체국으로 바뀐다면 얼마나 좋을까?

동산동에서부터 통영 대로 옛길은 큰길을 따라서 이어진다. 조선 시대의 옛길이 일제 강점기 이후에 그대로 신작로가 되었고, 그 길이 지금은 큰 도로가 되었는데, 동산동에서 팔복동으로 이어진 길 역시 그런 변천 과정을 겪었다.

삼양사를 비롯해 전주의 대표적인 공업 단지가 들어서 있는 전주시 팔복동은 이름 그대로라면 여덟 가지 복을 뜻하는 '팔복(八福)'이라고 여길 것이지만 전혀 다른 뜻이다. 1973년 7월 1일 팔과정과 신복리를 병합하면서 지어진 이름이기 때문이다.

팔복동 우측 언덕배기에 있는 팔과정은 동곡리와 반룡리 사이에 있는 정자로 인조 때에 판교 홍남립, 사간 이홍발, 목사 이홍록, 필선 이기발 등 여덟 사

람이 함께 세운 정자이다.

팔복동도 많이 변했다. 잘 닦인 포장 도로를 따라가다가 보니 용산다리라고 불리는 추천대교에 이르고 전주천 멀리 가리내 동쪽으로 보이는 정자가 추천대다.

이 추천대에 얽힌 일화가 있다. 지금으로부터 약 400여 년 전에 추천대 건너편 하가 지역에 살았던 이경동(李瓊仝)이라는 사람이 아버지가 병으로 위독하자 명의에게 한달음에 달려가 약을 받아서 집으로 급히 달려가는데, 전주천이 범람하여 건너갈 수가 없었다. 한시가 급한 이경동은 목숨을 무릅쓰고 범람하는 물길에 뛰어들었다. 그런데 신기한 일이 벌어졌다. 그렇게 포효하면서 흐르던 전주천 물이 양쪽으로 갈라져서 무사히 시내를 건너 집으로 돌아갈 수 있었다. 이경동의 효심에 하늘도 감동하여 조선 시대판 모세의 기적이 일어난 것이다.

그 뒤 벼슬길에 올랐던 이경동이 벼슬을 그만두고 낙향하여 낚시를 하며 소일했던 곳에 지은 정자가 추천대다.

고종 3년인 1899년에 후손인 이정호(李正鎬)가 사방 2칸의 누정을 짓고 〈추천대(楸川臺)〉라는 현판을 걸었으며, 이 정자는 1984년 4월 1일 전북특별자치도 문화유산 자료로 지정되었다.

이 정자 부근에 추천원이 있었다. 나라 안에 이름난 조치원, 사리원, 장호원, 이태원 등의 원(院)은 길을 가는 나그네들이 쉬어 가는 곳이었다. 고려 시대에 승려나 불교 신도들이 요로(要路)에서 가난한 여행자와 병든 사람들에게 숙식과 약품을 제공하면서 시작되었다. 조선 시대에 원은 대개 11.78km [30리]에 하나씩 두었는데,《신증동국여지승람(新增東國輿地勝覽)》에 의하면 전국적으로 1,310개소의 원이 있었다.

조선 시대의 원집은 원이 소재한 도로의 크고 작음에 따라 지급되는 원위전(院位田)을 통하여 운영되었다. 하지만 조선 후기에 원이 제구실을 하지 못하면서 여행자의 숙식을 각 고을에 있는 객사(客舍)나 역에서 맡았으며, 민간 위

탁으로 대행하는 경우도 많았다.

원이 설치된 곳에는 나그네들이 쉬어 가는 주막이 있었고, 추천원에도 역시 주막이 있었다.

조선 시대 후기인 1894년에서 1897년까지 한국을 돌아다녔던 이사벨라 버드 비숍 여사의 《한국과 그 이웃 나라들》에는 당시 주막의 모습이 잘 소개되어 있다.

방은 보통 가로 2.5m, 세로 1.8m가량 되는 조그마한 것이다. 그곳은 열기와 벌레들, 빨래할 더러운 옷가지들과 '메주'라고 하는 간장을 만들기 위해 발효시키는 콩 그리고 다른 저장물들로 가득 차 있어 누워 잘 수 있는 최소한의 공간만을 남겨 두고 있다. 밤이면 뜰에 밝혀진 너덜너덜한 등롱과 방의 등잔불이 손으로 더듬거리며 활동할 수 있을 정도의 조명을 제공한다. 조랑말의 말린 똥까지 땔 때는 여관의 방은 언제나 과도하게 따뜻하다. 섭씨 33도 정도가 평균 온도이며, 자주 35.5도로 올라간다. 나는 어느 끔찍한 밤을 방문 앞에 앉은 채로 새운 적이 있는데 그때 그 방 안의 온도는 섭씨 39도였다. 지친 몸을 거의 지지다시피 덥혀 주는 이 정도의 온도를 한국의 길손들은 아주 좋아한다.

비숍 여사가 지은 《한국과 그 이웃 나라들》에 주막집 밥상 풍경이 다음과 같이 실려 있다.

"밥, 달걀, 채소 등이 국, 국수, 미역, 밀가루로 부친 자반 등이 올라온다. 별도로 닭이나 꿩고기를 사 먹을 수 있었으며, 봄철에는 개고기, 돼지 고기도 사 먹을 수 있었다. 우물은 오수가 스며든 곳에 위치하여 물은 끓여 먹어야 했다. 물론 차 같은 것은 없었다."

프랑스 신부 샤를르 딜레가 1874년에 발간한 《조선 교회》에 실린 글에도 조선의 주막집 밥상 풍경이 세밀하게 묘사되어 있다.

밥상은 둥그스름한 독상으로, 거친 사기그릇과 수저가 있다. 음식의 기본은 쌀과 고추, 채소다. 채소는 무와 배추, 질경이 잎, 고사리 자반(소금, 깨, 아주까리, 박하 기름으로 요리함)에 더러 고기를 먹지만 쇠고기는 구하기 힘들고 개고기를 먹는다.

외국인들의 글에는 그 밖에도 주막의 불결한 환경과 여러 가지 기생충이 길손들을 고통스럽게 했다고 전하고 있다. 그러나 주막의 환경이 열악하다고 하여 아주 무미건조한 곳만은 아니었다. 오히려 여러 사람들이 묵었다 가는 곳이어서 그곳에 관련된 재미있는 이야기들도 많았다.

원집과 주막이 있었던 추천에서 비롯된 추천대교를 건너자 덕진동에 이른다. 고려 때 조성된 덕진 연못의 이름을 따서 덕진동이라 이름 지은 덕진 광장에 1981년까지 전라선 열차가 오가던 덕진역이 있었다. 1929년에 영업을 시작하고 1981년에 전라선이 전주시 도심 구간 이설로 인하여 폐역이 된 덕진역 자리에 덕진 광장이 들어섰다.

전북대학교가 들어서 있어서 전주 시내에서 젊은이들의 유동이 가장 많은 곳 중의 한 곳인 덕진동에 종합 경기장과 야구장이 있었던 자리에 조선 시대 통영 대로를 지나 서울이나 통영으로 가던 나그네들 때문에 떡을 파는 떡장수들이 많아서 떡전거리라고 불렸다.

먼 길 떠난 나그네들의 필수품이 떡이었고, 그 나그네들을 상대로 떡을 파는 아낙네들의 부산한 움직임이 사라진 떡전거리에 종합 경기장이 들어섰다가 2025년에 컨벤션 센터가 들어서는 공사가 시작되었으니, 역사는 돌고 도는 만물의 순환 속에서 발전하는 것이 맞는지도 모르겠다.

도시의 길을 걷는 것은 가끔씩 심심하다 못해서 지루하다. 우거진 숲길도 없으니, 온갖 새소리를 듣는 것은 가당치도 않고, 흙길이나 자갈길도 없기 때문에 발걸음은 더 무겁다.

이런 때 요노 요코가 1962년에 지은 〈지도〉라는 시 한 편을 읊조리며 걸어도 좋으리라.

"상상의 지도를 그려요. 가고 싶은 곳에 표시를 해요. 지도에 있는 대로 진짜 거리를 걸어 가요. 지도엔 길이 있는데 진짜 땅엔 길이 없으면 장애물을 치우고 길을 만들어서라도, 목적지에 닿으면 도시의 이름을 물어보고 처음 만난 사람에게 꽃다발을 건네줘요."

전북일보 사거리를 지난 여정은 금암동에 이른다. 전주군 부북면의 지역으로 칼바우가 있기 때문에 칼바우 또는 검암이라고 부르다가 1957년 12월 12일에 여러 마을을 합해서 금암동이라고 부른다. 금암동에 분수대가 있어서 분수대 5거리를 지나며 진북동에 이르고, 길은 기린 대로를 따라가는 우측이 진북동이다.

일제 강점기에 소화정으로 불리다가 1946년 왜식 동명 변경에 의하여 진북동으로 이름이 바뀐다. 진북동의 전자 상가를 따라가다가 보면 모래내 가는 길을 지나고 조금 더 가면 전주시청이 있는 서노송동에 이른다.

일제 시대에 노송정이었다가 서노송동이 되었는데, 지금의 전주시청 자리는 1981년까지 전라선 철도의 전주역이 있었다. 일제 강점기부터 1981년까지 전주를 오고 가던 기차를 타기 위해 붐볐던 전주역이 지금은 전주시청으로 변했으니, '멋의 도시,' '맛의 도시' '전통 문화가 살아 숨 쉬는 도시'라고 나라 안 모든 사람들이 평하는 전주의 이미지이다.

보기 좋은 음식과 맛있는 음식은 지나가는 나그네의 발걸음도 멈추게 한다. 여행길에서 맛있는 음식과 푸짐한 인심에 마음을 빼앗겨 머물다 가고 싶어 하는 도시가 바로 전주다.

전주에는 지역 사람들이 즐겨 먹는 팔미(八味), 여덟 가지 먹거리가 있었다. 서낭당골에서 음력 팔월에 나는 감, 기린봉의 열무, 상관의 게, 오목대 청포묵, 소양 담배, 전주천 민물고기인 보래무시, 사징골 콩나물, 서원 너머의 미나리

다. 나라 안 곳곳에 팔경은 있지만 팔미가 있는 지역은 흔하지 않다. 그만큼 전
주 사람들의 생활 형편이 넉넉하고, 물산이 풍부했다는 뜻이다.

추억 속의 전주 팔미는 지금은 맛볼 수 없다. 화산 서원 너머 중화산동에 있
던 미나리밭은 사라진 지 오래전이고, 한벽당 부근에 이름났던 오모가리탕 집
몇 개가 남아 그 옛날 모래무지의 명성을 증언해 주고 있을 뿐이다.

그럼에도 전주가 여전히 맛의 고장으로 인기인 이유는 새롭게 등장한 대표
선수들 덕분이다. 전주 비빔밥, 콩나물 국밥, 전주 한정식, 모주 등이 전주의 맛
을 보여주고, 가맥집도 가세해 여행객을 붙잡는다.

비빔밥은 그 지역의 특산물들이 주재료로 사용되므로 지역마다 특색이 다르
다. 전주 비빔밥은 콩나물과 육회가 주재료라서 '전주 콩나물 육회 비빔밥'이라
고 불리기도 한다. 수질과 기후가 좋은 전주 지역 콩나물은 전주 팔미에 들어
갈 만큼 유명하다. 여러 문헌에 의하면 전주에서는 흉년으로 식량 사정이 어려
울 때도 매일 육회용으로 소 한 마리를 도살했다고 하니, 육회 또한 친숙한 음

식이다. 여기에 황포묵, 미나리, 시금치, 고사리, 취나물, 송이버섯, 표고버섯, 녹두나물, 무생채, 애호박 볶음, 오이채, 쑥갓, 상추, 호두, 밤채, 잣, 은행, 김, 찹쌀 고추장, 접장, 참기름, 달걀 등 30여 가지 재료가 계절에 맞게 들어간다.

전주의 이름난 비빔밥집에 가서 비빔밥을 주문하면 반찬 가짓수가 한정식 상차림처럼 열 가지가 넘어 전주 사람들의 푸짐한 인심을 느낄 수 있다.

한때는 조선 시대 6로인 통영 대로의 중심 도로로 흰옷 입은 나그네들이 줄을 지어 걸어갔던 길이었는데, 21세기 현재는 지금은 그 자리를 자동차들이 쉴 새 없이 오고 간다.

신기하다. 신기해. 이 세상은 이런 알 수 없는 일들과 이해할 수 없는 일들로 이루어져 삶이라는 것이 살아 볼 만한 무엇이라는 것을 실감할 때가 많다.

가고 오는 세월 속에 만들어지고 사라지는 것들이 이처럼 신기한 것이라서 옛사람은 다음과 같이 노래하지 않았을까?

"모든 것은 가고 모든 것은 되돌아온다. 존재의 수레바퀴는 영원히 굴러간다. 모든 것은 죽고, 모든 것은 다시 꽃피어난다. 존재의 세월은 영원히 흘러간다. 모든 것은 꺾이고, 모든 것은 새로이 이어진다. 존재의 동일한 집이 영원히 세워진다. 모든 것은 헤어지고 모든 것은 다시 인사를 나눈다. 모든 순간에 존재는 시작한다. 모든 '여기'를 중심으로, '저기'라는 공(球)이 회전하나. 중심은 어디에나 있다. 영원의 오솔길은 굽어 있다."(니체의 《차라투스트라는 이렇게 말했다》의 한 부분이다.)

변하고 변한 세상 풍경을 실감하면서 곧게 뻗은 기린 대로를 따라가다가 보면 매년 천만 명의 국내외 관광객들이 찾고 있는 전주 한옥 마을을 지난다.

오목대와 전주 향교를 지척에 두고 한벽당에서 전라선 열차가 지나던 한벽 터널을 통과한다. 자우림이 노래 부른〈스물 다섯, 스물 하나〉드라마에 방영된 후 전국 각지의 젊은 관광객들의 사진 명소로 자리 잡은 곳이 한벽 터널이다.

바람에 날려 꽃이 지는 계절엔 아직도 너의 손을 잡은 듯 그런 듯 해 그때는 아직 꽃이 아름다운 걸 지금처럼 사무치게 알지 못했어 우 니의 향기기 바람에

실려 오네 우 영원할 줄 알았던 스물 다섯, 스물 하나

자우림의 노래에 취한 채 터널을 지나자 다시 전주천을 만나고 승암사에 이른다. 승암사를 바라다보며 발길을 옮기면 바람 쐬는 길에 이른다.

그곳이 바로 치명자 성지가 자리 잡고 있는 곳이고, 그곳에서 색장동은 멀지 않다. 원래 전주군 부남면 지역으로 마을 뒷고개에 왜적을 막기 위한 담을 쌓고 경비하던 것이라서 색장(色長)이라고 이름 지었다. 이곳에 있는 원색장 마을에서 전주시 우이동 신동 마을로 넘어가는 고개가 막은댐이재로 색장치 또는 서낭재라고 불렀다.

이 고개에 조선 시대 말에 전주 방위를 위하여 남관진을 두었을 때 이곳에 높다란 담을 쌓았고, 그곳에 서낭당이 있었다는데, 지금은 그 흔적도 남아 있지 않다. 원색장 마을을 지난 여정은 은석동에 이르고 그 모롱이 바위벽에는 몇 기의 영세 불망비가 새겨져 있다. 그곳을 돌아가면 정여립의 집터가 있는 파쏘봉 아래에 이른다.

전주천 건너편 마을이 상죽음(上竹陰)이라고 부르는 상댓건네 마을이고 하죽음(下竹陰)이라고 부르는 하댁건네 마을이다. 이름이 그래서 그런지 교통사고가 많이 발생했고, 그래서 이름을 부남이라고 바꾼 이 일대에 조선 중기의 사상가이자 혁명가인 정여립의 자취가 남아 있다.

만경강 상류의 푸른 물줄기를 바라보며 전라선 열차가 지나간다. 길이 225미터의 '신리'라는 이름을 가진 기차 굴을 미처 못 간 곳에 위치한 월암 다리 아래에는 몇십 년 전만 해도 파쏘라는 못이 있었다. 정여립은 그 못이 있던 자리에서 태어났다고도 하고 그곳에 있던 서당을 다녔다고도 한다. 그러나 그 터는 정여립이 기축옥사(己丑獄死) 때 죽은 뒤 수난의 터널 속으로 들어간다. 집터는 숯불로 지져 버리고 흔적도 없이 파헤쳐졌으며 인공의 못이 만들어졌다 하여 파쏘라는 이름이 붙게 되었다.

진동규 시인은 "댁 건너 대수리를 잡습니다."라는 시에서 파쏘를 이렇게 노래했다.

"살던 집은 텃자리까지 파버렸습니다. 그 이웃까지 뒤집어 파서 앞내 끌어 휘돌아 가게 하였습니다. 깊고 깊은 소를 만들어버렸지만 그때 그 집 주인이 반역했다고, 그래서 전주천 물이 거꾸로 흐른다고, 북으로 흐른다고 소문내고 그런 속셈을 알 만한 사람은 다 압니다. 댁 건너 마을 사람들은 上竹陰 下竹陰 하면서, 구름처럼 모여들었던 선비들의 죽음 그 떼죽음을, 서방 바우 각시 바우, 애기 바우, 그 피울음을, 상댁 건너 하댁 건너 점잖던 자기 마을 이름 위에 불러보기도 해보지만, 어떻게 변명 말씀 한번 엄두를 못 내고 죽어 지내왔습니다. 그 집 뒷산 월암에 달이 뜨면 댁 건너 사람들은 월암 아래 소에 들어 대수리를 잡는답니다. 관솔불들을 밝히고, 주춧돌 기둥뿌리 항아리 깨진 것, 뭐 그 집 주인 뱃속까지 빨아먹고 자란 대수리들을 잡는답니다. 일삼아 잡아내고 그런 답니다."

그렇다. 그 땅은 풀 한 포기 나무 한 그루 자라게 해서는 안 되는 땅이었다. 행여 고삐 풀린 망아지라도 염소라도, 아니 병아리라도 뜯어먹으면 역모를 한다는 것이다. 해마다 그곳에선 사람들이 빠져 죽었고, 기축옥사 때 죽음 당했다는 뜻인지 건너편 마을들 이름은 상죽음리 하죽음리라고 부르고 있다. 한자로야 대나무 죽(竹)에 그늘 음(陰)이니 대 그늘이지만, 아무래도 그 말은 사람의 운명이 끝나는 죽음리라고 불렸던 듯하다.

세계 최초의 공화주의자 정여립

조선 시대 내내 반역자로 알려져 있던 정여립에 대한 재평가가 이루어진 것은 그리 오래전 일이 아니다. 신정일 대표를 비롯한 전주에 뜻있는 사람들이 모여서 〈기축옥사 재조명 사업회〉를 발족하여 세미나를 열기도 했고, 전주시 명칭 제정위에서 전주의 초입 혁신 도시에 위치한 큰 도로의 이름을 조선 시대의 사상가이자 혁명가인 정여립의 이름을 따 '정여립 로'라고 명명했고, 기축옥사 당시 희생당한 정언신의 이름을 따 '정언신 로'도 만들었다.

그렇다면 정여립은 누구인가? 영국의 혁명가 올리버 크롬웰이 청교도 혁명으로 공화주의를 주창했던 1649년보다 60년 앞선 1589년 '천하는 공공한 물건이지 어디 일정한 주인이 있는가?'라는 기치를 내걸고 세계 최초로 공화주의를 주창한 사람이다.

조선 최대의 역모 사건인 기축옥사의 주인공 정여립에 대한 평가는 아직도 부정적으로 보는 경우가 대부분이다. 답사길이나 사석에서 정여립에 대해 물어보면 대다수의 사람들은 "그 사람 아마 모반을 했다지?" 하고 말끝을 흐리거나, "그 사람 역적이었다지"라고 되묻곤 한다. 하지만, 어쩌다 예외인 경우도 더러 있다. 이 지역의 역사에 관심이 있는 몇 사람은 정여립에 대해 남겨진 것은 없지만 시대를 앞서간 선각자이자 동시에 대사상가라고 평가하고 있다.

조선의 4대 사화인 무오 사화, 기묘 사화, 갑자 사화, 을사 사화보다 더 많은 사람들이 희생된 기축옥사로 희생된 정여립은 전주시 남문 밖에서 태어났다고 알려져 있다.

한글 학회에서 펴낸《한국 지명 총람》에는 전주시와 완주군의 경계에 있는 완주군 상관면 색장리에서 태어났다고 실려 있고, 그가 살았던 곳의 변천사를 다음과 같이 소개했다.

파소 : 아랫대 건네와 웃대 건네 사이에 있는 소. 정여립의 집터를 파서 만들었다고 함.
파소 들 : 파소 북쪽에 있는 들.
파소 봉: 파소 동쪽에 있는 산. 파소 모랭이: 아랫대 건네와 웃대 건네 사이에 있는 모롱이

만경강물을 끌어들여 '파소'를 만들었던 그의 집터는 사라지고, 파소 봉만 남아 역사를 증언해 주고 있다.

1589년 임진왜란이 일어나기 3년 전에 일어났던 정여립 모반 사건, 즉 기축옥사를 두고 혹자는 조선 왕조의 정치 사회적 구조 속에서 일어날 수밖에 없었던 당연한 귀결이라고도 하고, 지역 내 사림 사이의 갈등과 개인적인 감정 대립의 결과라고도 한다. 또 어떤 사람들은 정여립이 당파 싸움의 희생양이지 모반 사건이 아니라고도 하며, 또 다른 편에서는 모반을 하기는 했는데 거사 직전에 발각되어 실패한 미완의 혁명이라고도 한다.

기축옥사가 일어났던 그때의 상황이 유성룡이 지은《운암잡록》에는 다음과 같이 실려 있다.

처음에 임금이 그를 체포하러 가는 도사(都事)에게 밀교를 내려, 여립의 집에 간직되어 있는 편지들을 압수하여 대궐 내에 들이게 하였다. 그래서 평소 여립과 친근하게 지내며 편지를 주고받은 자는 다 연루를 면치 못하고 죄를 얻게 된 사류(士類)가 많았다. 그중에 고문을 받고 죽은 자는 전 대사간 이발, 이발의 아우 응교 이길, 이발의 형 전 별좌 이급, 병조 참지 백유양, 유양의 아들 생원 백진민, 전 도사 조대중, 전 남원부사 유몽정, 전 찰방 이황종, 전 감역 최여경, 선비 윤기신, 징여립의

생질 이진길 등 이루 다 기록할 수가 없다. 그중에서도 이발과 백유양의 집안이 가장 혹독하게 화를 입었다. 그리고 연루되어 귀양 간 자는 우의정 정언신, 안동부사 김우옹, 직제학 홍종록, 지평 신식과 정숙남, 선비 정개청이요. 옥에 갇혀 병이 나서 죽은 자는 처사 최영경이었다. 옥사(獄事)는 덩굴처럼 얽히고 뻗어 나가 3년을 지내도 끝장이 나지 않아 죽은 자가 몇천 명이었다.

조선 500년 역사에서 가장 큰 사건인 기축옥사에 불세출의 시인으로 알려진 서인의 영수였던 송강 정철이 악역을 맡은 것을 아는 사람은 흔치 않다. 정철은 정여립 사건 이후 정언신을 대신해서 우의정이 되고, 사건의 위관이 됨으로써 기축옥사에 깊이 관여하게 되었다. 평소 송강이나 배후의 구봉 송익필에게 감정을 샀던 사람들 중 3년 동안 죽고, 귀양 가고, 투옥된 사람들이 천여 명에 이르렀다.

정철은 정적들로부터 '동인 백정(東人白丁)', '간철독철' 등의 칭호를 얻었고, 기축옥사 당시 정철에게 원한이 깊었던 호남 사림들의 집안에서는 아낙네들이 도마에 고기를 놓고 다질 때마다 반드시 '증철이 좆아라 증철이 좆아라' 혹은 '철철철철'하고 중얼거리는 모습을 흔하게 볼 수 있었다고 한다. 송강 정철을 미워하는 주술이었고, 400여 년간 대물림 해 온 가풍이었다.

그 뒤 오랫동안 갖가지 설만 무성하던 기축옥사를 처음 재조명한 사람은 단재 신채호였다. 그는 정여립에 대해 이렇게 언급했다.

정여립이 '충신은 두 임금을 섬기지 아니하고, 열녀는 두 지아비를 바꾸지 않는다'는 유교의 윤리관을 여지없이 말살하고, '백성에게 해되는 임금은 죽이는 것도 가하고, 행실이 모자라는 지아비는 버리는 것도 가하다'고 했다. 또, '하늘의 뜻, 사람의 마음이 이미 주실(周室)을 떠났는데, 존주(尊周: 주나라를 존중함)가 무엇이며, 군중과 땅이 벌써 조조(曹操)와 사마(司馬)에게로 돌아갔는데, 구구하게 한구석에서 정통이 다 무엇하는 것이냐'고 하여 공자·주자의 역사 필법에 반대하니, 그 제자 신여성(辛汝成) 등은 '이미 참으로 전의 성인이 아직 말하지 못한 말씀이다' 하였다.

정여립을 혁명성을 지닌 사상가로 높이 평가하고, "사색 당쟁 이후의 역사는 피차의 기록이 서로 모순되어 그 시비를 분석할 수 없어 역사의 가장 어려운 점이 된다"고 덧붙였다. 또한《단재 전집》에서도 '정 죽도(여립) 선생은 민중 군경(民重君經)을 주장하다가 사형을 입으니'라거나 '400여 년 전에 군신 강상론(君臣綱常論)을 타파하려 한 동양의 위인'이라 하며 높이 평가했다.

정여립이 주창했던 '천하 공물설'과 '대동 사상'은 꽃을 피우기도 전에 실패로 돌아갔으나 그의 사상은 허균의 변혁 사상인 호민론(豪民論, 세력 있는 백

성)으로 이어졌고, 다시 정조 때의 실학자 다산 정약용의 탕무 혁명론(湯武革
命論)으로 이어졌다. 기축옥사 이후 호남 지역은 서북 지역처럼 차별받을 수밖
에 없었고, 그러한 현상은 수많은 민란으로 이어져 마침내 근현대사의 출발점
인 1894년의 동학 농민 혁명으로 분출되었다.

조선 500년 역사상 가장 큰 사건의 주인공인 정여립의 대동 사상을 두고 오
늘날에는 '세계 최초의 공화주의자'라는 평가를 내리고 있다.

전주에서 통영으로 가는 길목에 위치한 정여립 선생의 생가 터에 최초로 '정
여립 공원'이 들어서 많은 사람들이 찾고 있지만 아직도 정여립 선생을 재조명
하는 데는 갈 길이 멀다. 정여립 선생이 주창했던 대동 사회, 대동 세상이 아직
도 요원하기 때문이다.

언제쯤 전주 한복판에 정여립의 동상이 들어서고, 대동 사상 연수원이 들어
서서 모든 사람들이 더불어 사는 평화로운 사회의 디딤돌이 될 것인가?

전주시외버스공용터미널

서식지 개선 및 식재공사

전주를 걸으면 온전한 도시가 보인다

초판 1쇄	2025년 12월 15일

우리 땅 걷기 지음

발행인	유철상
편집	성도연
디자인	박미영
마케팅	조종삼

펴낸 곳	상상출판
주소	서울특별시 동대문구 왕산로28길 37, 2층(용두동)
구입·내용 문의	전화 02-963-9891(편집), 070-8854-9915(마케팅)
팩스	02-963-9892 이메일 sangsang9892@gmail.com
등록	2009년 9월 22일(제305-2010-02호)
찍은 곳	다라니
종이	㈜월드페이퍼

※ 가격은 뒤표지에 있습니다.

ISBN 979-11-6782-227-7(03910)

www.esangsang.co.kr